AF176667

Peter Timm

Mein magisches Jahr

Mit Jahreskreisfesten, Ritualen und Rezepten durch die Monate

Bibliografische Information der Deutschen Nationalbibliothek:
Die Deutsche Nationalbibliothek verzeichnet diese Publikation
in der Deutschen Nationalbibliografie; detaillierte
bibliografische Daten sind im Internet über dnb.dnb.de
abrufbar.

© 2022 Peter Timm
Herstellung und Verlag: BoD – Books on Demand, Norderstedt

ISBN: 978-3-7562-0862-3

www.magisch-leben.com
blog.magisch-leben.com

Inhalt

Jul ⚏ ⚏ ⌐ ᛉ

Vorwort

Zunächst einmal danke ich dir für dein Interesse an diesem Buch und hoffe, du wirst viel Freude damit haben.

In der modernen heidnischen Kultur geht es etwas kunterbunt zu. Es gibt zahllose Interpretationen der Wurzeln der Jahreskreisfeste, wie und vor allem wann man sie heute feiert. Viele Gruppierungen beanspruchen dabei für sich, authentisch zu sein oder allein den richtigen Weg zu gehen. Es kann daher schwierig sein, sich in diesem Dschungel zurecht zu finden und den für sich besten Weg zu finden. Auch ich habe diese Reise hinter mir und mit den Jahren hat sich eine gewisse Routine gebildet, wie ich magisch durch das Kalenderjahr schreite und die Feste feiere und die Zeiten nutze. Ich habe dies alles grob zusammengetragen und möchte es mit anderen teilen, um ihnen einen individuellen Orientierungspunkt oder neue Inspiration zu bieten. So viel sei gesagt: es sind einige Traditionen bei mir entstanden, die kaum jemand kennt aber dennoch nicht weniger bezaubernd sind.

Ich habe das Jahr nach unserem heutigen Kalender in die einzelnen zwölf Monate unterteilt und zu jedem Monat beschrieben, wo meine Schwerpunkte liegen und was auch du machen könntest. Bei den Jahreskreisfesten habe ich mich schon immer viel an Großbritannien und Irland orientiert, wo die Feste bis heute als Tradition Bestand haben, wenn sicher auch in neuem Gewand. Dort haben sich feste Termine durchgesetzt, an denen ich mich ebenfalls orientiere. Ich berechne die Zeitpunkte der Feste also nicht nach den Monden. Der Ursprung vieler Feste lag in landwirtschaftlichen Ereignissen und dem Fortschritt in der Natur. Und beides ist maßgeblich vom Lauf und Stand der Sonne, damit der Jahreszeiten und den Temperaturnen abhängig. Der Mond hat hierauf einen kaum auszumachenden Einfluss. Darum erschienen mir die festen Tage nach dem Sonnenkalender am stimmigsten.

Keinesfalls möchte ich die folgenden Kapitel aber so verstanden wissen, dass sie die einzige richtige Art und Weise beschreiben, die Feste zu begehen. Es ist vielmehr der Weg, der sich für mich etabliert hat und dir als Anregung dienen soll.

Und nun viel Freude beim Stöbern!

Januar

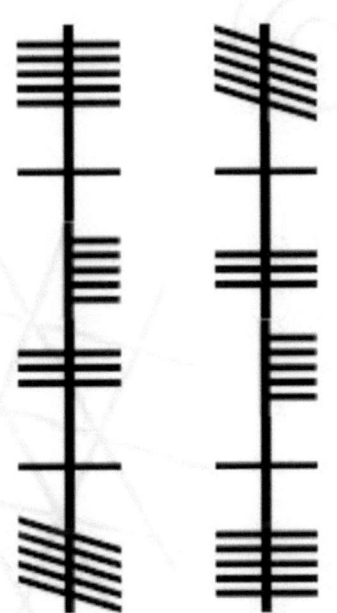

Januar

Der erste Monat unserer heutigen Zeitrechnung ist nach dem römischen Gott Janus benannt. Janus wird klassisch mit zwei Gesichtern dargestellt und ist der Gott des Überganges. Der Übergang passt in der neuen Zeitrechnung deutlich besser, war der Januar früher doch der elfte Monat und symbolisierte nicht den Übergang von einem Jahr ins nächste. Der Gott Janus steht aber auch für ganz materielle Übergänge wie Türen oder Schwellen. Er wird auch als Gott der sich überlappenden Anfänge und Enden betrachtet.

Der Januar ist der Monat, den der Winter fest im Griff hat. Es ist kalt, düster und vor allem eines – still. Wenn ich im Januar durch den Wald gehe, herrscht eine ganz eigene Atmosphäre, die ich zu keiner anderen Zeit des Jahres wahrnehme. Es ist ruhig, es ist Pause. Mit Jul, Weihnachten, den Rauhnächten und dem Jahreswechsel liegt eine aufreibende Zeit hinter uns. Doch nun ist Ruhe. Die Natur ist einen Schlummer verfallen, wo die Bäume träumen, keine Pflanzen mehr wachsen und viele Tiere Winterschlaf halten. Wir gehen zu Bett, wenn es Nacht ist. Und so scheint die dunkle Jahreszeit auch für die Natur die Nacht zu sein, in der sie vom Frühling noch sacht träumt.

Daher nehme auch ich mir im Januar stets eine Auszeit. Von der Magie, von der Arbeit, vom Schaffen. Der Januar ist ein idealer Monat für die innere Einkehr, zum Ausruhen und neue Kraft schöpfen. Es ist eine gute Zeit, das alte Jahr zu reflektieren und über das neue Jahr zu sinnieren. Was lief gut? Was möchte ich anders machen? Was plane ich für die kommende Zeit? Doch keine Hektik. In der Ruhe liegt die Kraft. Lass einfach deine Gedanken kommen und ziehen. Der Januar hat keinen Plan oder hält ein Ziel parat, dass du erreichen musst. Du musst dir auch nicht die genannten Fragen stellen. Sei frei, sei ruhig. Für mich aber sind es Fragen und Gedanken, die in dieser Zeit immer aus dem Inneren an die Oberfläche steigen. Es ist wie eine kleine Bestandsaufnahme, was ich habe, wo ich stehe und dass es gut ist, wie es jetzt ist.

Am besten kann ich die Gedanken fliegen lassen, wenn es draußen eisig kalt ist und die Luft in der vom Schnee bedeckten Landschaft frisch und klar ist. Wenn ich in warme Winterkleidung gepackt, gemütlich spazieren gehe und die filigranen und bizarren Formen am Wegesrand entdecke, die der Frost in die Natur gemalt hat. Auch im Haus wird es gemütlich. Ganz ohne zeremoniellen Gedanken habe ich in dieser Zeit oft Kerzen an und räuchere mit Burgunderharz und Dammar – einfach der Stimmung wegen. Und nach einem ausgiebigen Spaziergang an der kalten Winterluft, wärmt ein guter Eintopf alle Glieder und das Gemüt!

Rezept für Wintereintopf mit gelben Erbsen

Du benötigst:

- 1 gutes Stück Kasselernacken
- 1 Bund Suppengrün bestehend aus Sellerie, Lauch und Karotten (zusammen etwa ein halbes Kilo)
- ein halbes Kilo Kartoffeln
- ein halbes Kilo gelbe Erbsen
- 5 Saftbockwürste
- 3 Liter Wasser
- Petersilie, Liebstöckel und Majoran
- Salz zum Abschmecken

Zunächst musst du schauen, welche Sorte Erbsen zu bekommen konntest. Es gibt sie geschält und ungeschält. Die ungeschälten solltest du über Nacht in kaltem Wasser einweichen. Geschälte Erbsen müssen nur wenige Stunden einweichen.

Sind die Erbsen eingeweicht, geht es daran, die Brühe vorzukochen. Setze hierfür in einem großen Topf mit drei Liter Wasser an, gebe je einen Esslöffel der Kräuter und etwas Salz sowie das Kasseler hinzu. Das Ganze kochst du nun so lange, bis das Fleisch weich ist und sich auseinanderrupfen lässt. Hast du diesen Punkt erreicht, nimm das Stück Fleisch heraus und rupfe es in kleine mundgerechte Stücke. Wenn nötig, gebe wieder etwas Wasser nach.

Als nächstes wird das Gemüse gewaschen, geschält und klein geschnitten. Außer den Kartoffeln schneide ich das gesamte Gemüse sehr fein, damit es später zerkocht. Wenn du gern mehr Biss im Eintopf hast, schneide entsprechend größere Stücken. Die eingeweichten Erbsen werden abgeseiht.

Nun gibst du das geschnittene Gemüse zusammen mit den Erbsen und dem kleingerupften Fleisch in die zuvor gekochte Brühe und lässt alles bei mittlerer Hitze köcheln, bis die Erbsen und die Kartoffeln weich sind. Probiere zwischendurch immer einmal, ob sie dir weich oder noch fest genug sind. Bedenke, dass der Eintopf noch nachzieht und etwas andickt. Die Erbsen werden noch etwas weicher als du sie das erste Mal gekocht hast. Ich persönlich lasse den Eintopf dann noch bis zum nächsten Tag stehen, damit sich alle Aromen entfalten können und der Eintopf schön durchzieht. Wenn der Eintopf serviert werden soll, schneide ich die Bockwürste in kleine Stücke und gebe sie zum Aufwärmen mit in den Eintopf. Nun kann noch einmal mit Salz und Kräutern abgeschmeckt werden.

Der Eintopf schmeckt herzhaft und erinnert mich stets an meine Kindheit zurück, als Großmutter und Mutter ihn noch für die Familie zubereitet haben. Beilagen braucht es keine. Wer den Eintopf gern vegetarisch oder vegan zubereiten möchte, lässt entsprechend das Kasseler und die Bockwürste weg. Die Brühe kocht man dann zuvor aus dem Suppengrün.

Gutes Gelingen!

Altar

Im Januar ist der Altar karg wie die Natur. Zur Dekoration eigenen sich geschlossene Zapfen von Nadelbäumen, die das Schlafen der Natur symbolisieren. Auch Bergkristall eignet sich in diesem Monat besonders gut, glaubte man früher der Bergkristall sei göttliches Eis, welches nicht schmelzen kann. Von den Farben eignen sich weiß, grau und eisblau. Auch ein Eichenzweig kann den Altar zieren, da die Eiche unter anderem dem Gott Janus zugeordnet wird.

Der Frost im Januar ist gut geeignet, um von Kiefern und Fichten Burgunderharz zu sammeln. Durch den Frost sind verharzte Stellen an der Rinde spröder, womit man nur oberflächliche Stücke sammelt. Es ist wichtig, dem Baum die eigentliche Schutzschicht aus Harz zu lassen und das oberflächliche, überschüssige Harz zu sammeln. Das Harz der Nadelbäume wird oft Burgunderharz genannt.

Zum Räuchern eignet sich im Januar besonders das Burgunderharz, Nadeln und klare Düfte wie von Dammar, die die klare eisige Winterluft unterstreichen. Es sind auch diese Düfte, die sich im Winter in der Natur finden lassen, wo alles andere bereits vergangen ist.

Bauernregeln

- ❖ Auf harten Winters Zucht folgt gute Sommerfrucht.
- ❖ Im Januar ein dickes Eis bringt im Mai den üppigen Reis.
- ❖ Der Januar muss krachen, soll der Frühling lachen.
- ❖ Gibt's im Januar Wind von Osten, tut die Erde langsam frosten.
- ❖ Januar trocken und rau, nützt dem Getreideanbau.
- ❖ Ist der Januar hell und weiß, wird der Sommer gerne heiß.
- ❖ Knarrt der Januar vor Eis und Schnee, gibt's zur Ernte viel Korn und Klee.
- ❖ Kommt der Frost im Januar nicht, zeigt im März er sein Gesicht.
- ❖ Wächst das Gras im Januar, ist's im Sommer in Gefahr.
- ❖ Wenn im Januar viel Nebel steigt, sich ein schönes Frühjahr zeigt.
- ❖ Anfang und Ende vom Januar zeigen das Wetter fürs ganze Jahr.
- ❖ Hat der Januar viel Regen, bringt's den Früchten keinen Segen.
- ❖ Im Januar viel Mückentanz verdirbt die Futterernte ganz.
- ❖ Januar ganz ohne Schnee tut Bäumen, Bergen und Tälern weh.
- ❖ So viele Tropfen im Januar, so viel Schnee im Mai noch da.
- ❖ Soll man den Januar loben, muss er frieren und toben.
- ❖ Wirft der Maulwurf schon im Januar, dauert der Winter bis Mai sogar.
- ❖ Auf trockenen, kalten Januar folgt viel Schnee im Februar.
- ❖ Januar muss vor Kälte knacken, wenn die Ernte soll gut sacken.

Eigene Notizen

Februar

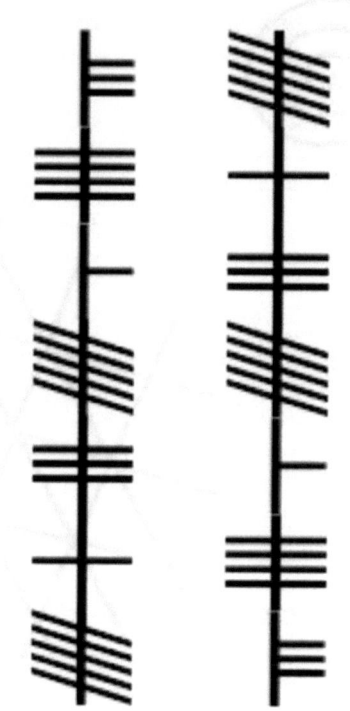

Februar

Der zweite Monat des Jahres hat seinen namentlichen Ursprung ebenfalls bei den Römern. Benannt ist er nach ihrem Fest "Februa", welches bei den Römern ein Reinigungsfest war. Auch im Lateinischen bedeutet "februare" zu reinigen. Im deutschsprachigen Raum nannte man den Monat auch Hornung, da junge Hirsche zu dieser Zeit beginnen, ihr altes Geweih, ihr altes Horn, an den Bäumen abzustreifen.

Die Reinigung im Februar hat auch in anderen Kulturen eine zentrale Rolle eingenommen. Mit dem Februar haben wir auch das erste Hochfest in unserem Jahreskreis – Imbolc. Auch bei Imbolc stehen Reinigung und Erneuerung im Mittelpunkt. Doch dazu gleich mehr.

Der Februar weckt in mir fast immer eine Aufbruchstimmung. Die spürbar länger werdenden Tage und die langsam milder werdenden Temperaturen wecken die erste Vorfreude und Hoffnung auf den Frühling. Auch die ersten Frühblüher zeigen sich bereits im Februar. So beginnt die Zaubernuss leuchtend gelb zu blühen und die ersten Schneeglöckchen können entdeckt werden. Auch die Vögel scheinen wieder aktiver zu werden. Im Vogelhäuschen herrscht im Februar ein reger Betrieb. Die Natur scheint so langsam zu sich zu kommen jedoch wohlwissend, dass sie sich noch einmal umdrehen und weiterschlafen kann.

Mit dem Februar beginnt auch das magische Jahr erst so richtig und zu Imbolc gibt es einiges zu tun!

Imbolc ⵌⵌⵌ⫻⫶⫶⫶⫶⫶ ᛁᛘᛒᛟᛚᚲ

Nach unserem heutigen gregorianischen Kalender ist Imbolc das erste Fest im Jahreskreis. Es hat aus der Zeit der Kelten in Irland bis heute überdauert und ist dort mit dem Fest zu St. Brigid fest verschmolzen. Weitere Namen und Schreibweisen sind Imbolg und Oimlec. Der Name geht ursprünglich auf das Altirische zurück und würde imb-folc geschrieben werden. Es bedeutet so viel wie "allumfassende Waschung". Es war damit ein Fest der Reinigung und Reinheit. Der Name Oimlec gibt Hinweise auf den Zeitpunkt des Festes, denn er beschreibt den Zeitpunkt, an dem das Weidevieh die erste Milch gibt. Heute wird es in Irland in der Nacht zum und am 1. Februar begangen. Und daran orientiere ich mich ebenfalls und feiere das erste Fest des Jahreskreises am ersten Februar.

Als Fest der Reinigung und Reinheit ist es ideal um Gegenstände neu zu weihen und Rituale abzuhalten, die die Reinigung zum Inhalt haben. Belastete Objekte und Flüche sollten am besten zu dieser Zeit gereinigt werden. Das Fest eignet sich ebenso sehr gut, um das alte Jahr auszuwaschen und buchstäblich den Schmutz und Anhaftungen des vergangenen Jahres fortzuspülen. Wer spezielle Ritualkleidung hat, sollte diese also zu Imbolc waschen. Auch die Arbeitswerkzeuge wie zum Beispiel die Bolline können gereinigt und neu geschärft werden.

Ein zweiter wichtiger Teil des Festes ist das Licht. Die Tage werden wieder spürbar länger, das Erwachen der Natur liegt in der Luft und die Sonne gewinnt an Kraft. Das Licht wird mit kleinen Freudenfeuern und Kerzen ebenso willkommen geheißen und gestärkt. In manchen Gegenden ist Imbolc dafür bekannt, nach guten Omen für die kommende Zeit Ausschau zu halten, da es die Zeit ist, in der das Vieh Junge bekommt und die ersten Nutzpflanzen beginnen, ihre grünen Triebe aus der dem Dunklen der Erde empor zu strecken. Passend dazu werden traditionell landwirtschaftlich gewonnene Speisen gegessen wie Brot und haltbare Milcherzeugnisse in Form von Butter oder Käse. Häufig wurden auch Figuren oder Puppen aus Stroh gebunden, welche Glück bringen sollten. Auch St. Brigid kommt an diesem Fest nicht zu kurz. Traditionell wird das St. Brigid's Cross geflochten. Das ist mir mein liebster Brauch, den ich jedes Jahr mit großer Freude begehe und mit den anderen Traditionen verbinde. So ersetzt es beispielsweise eine Strohpuppe für mich.

Ritual für das St. Brigid's Cross

Du benötigst:

- kleine Feuerschale
- Binsen
- Garn
- Goldrute und Johanniskraut
- Räucherkohle über Holz zum Verbrennen
- Streichhölzer oder Feuerzeug

Ich hatte wie in jedem Jahr ein solches Kreuz aus Binsen gebunden und es am Haus aufgehängt. Es hat das ganze Jahr über unser Haus und Grundstück vor Wetterschäden geschützt. Nun sieht es natürlich schon ziemlich abgenutzt aus, war es doch Wind und Wetter stetig ausgesetzt.

Mit dem neuen Imbolc darf es ruhen gehen und ein neues Kreuz übernimmt seinen Platz. Ich werde es zusammen mit Goldrute und Johanniskraut als typische Sonnenkräuter verbrennen, räuchern und mich für die Hilfe bedanken.

Ich habe den Luxus, dass viele natürliche Zutaten und Kräuter, die ich nicht selbst anbaue oder anbauen kann, nicht weit von unserem Haus wachsen. So auch der Binsen. Zu dieser Jahreszeit trotzt der Binsen dem Frost und steht hoch. Du findest ihn meist auf großen Wiesen bei Wäldern oder auf Feldern wie hier zu sehen:

Binsen mag es sehr feucht und daher solltest du nach kleinen Wasserstellen und feuchtem Boden Ausschau halten. Sei vorsichtig, falls der Boden nicht gefroren ist – in morastigem Boden bleiben gern die Schuhe stecken. Ein gutes Bund mit Halmen von 20 bis 30 Zentimetern Länge solltest du schon sammeln.

Die geschnittenen Binsen kommen mit nach Hause und werden nach traditioneller Weise zum Kreuz gebunden. Das ist beim ersten Mal etwas kniffelig. Mein allererstes Kreuz war auch recht schief und wacklig. Aber mit der Zeit hat man den Bogen raus. Meine Technik ist schon viel besser geworden. Um das typische Kreuz zu erhalten, gehst du wie folgt vor:

Du nimmst zunächst einen langen Halm und hältst diesen fest. Mit der anderen Hand nimmst du einen weiteren Halm und knickst diesen in der Mitte. In diesen Knick legst du nun den ersten Halm. Du solltest nun einen langen Halm haben in dessen Mitte ein geknickter Halm mit beiden Enden nach rechts zeigt, wie ein auf der Seite liegendes T. Du hältst die Stelle, an der sich die beiden Halme kreuzen bzw. ineinanderstecken, mit Daumen und Zeigefinger fest. Jetzt nimmst du einen neuen Halm und knickst diesen ebenfalls in der Mitte. Er wird nun um die beiden Enden des Halmes gelegt, den du im vorigen Schritt geknickt hast, sodass nun drei Enden nach oben zeigen, zwei nach rechts und einer nach unten. Jetzt drehst du das Kreuz eine Viertelumdrehung mit dem Uhrzeigersinn, sodass der zuletzt geknickte Halm nun nach rechts zeigt. Es folgt wieder ein neuer Halm der geknickt und um den zuletzt geknickten Halm gelegt wird, sodass der neu geknickte Halm immer nach oben zeigt. Es folgt wieder eine Vierteldrehung im Uhrzeigersinn. Achte immer darauf, dass die neu angelegten Halme parallel zu den bereits vorhandenen Halmen in der Mitte liegen. Jetzt fährst du immer so weiter fort, bis das Kreuz eine Größe angenommen hat, mit der du zufrieden bist.

Geschrieben klingt dies unglaublich kompliziert. Daher empfehle ich dir, einfach ein Video dazu im Netz zu suchen. Du wirst sehen, dass es eigentlich ganz simpel ist. Bist du mit der Größe deines Kreuzes zufrieden, wird der letzte Halm nicht einfach um den vorherigen geknickt, sondern dessen Enden dabei auch noch durch die letzte Schlaufe derselben Richtung gesteckt, sodass kein offenes Ende verbleibt und diese immer in der Schlaufe eines anderen geknickten Halmes stecken. Auch das ist mit einem Video einfacher zu verstehen. Wenn du fertig bist, sollte dein Kreuz in etwa so aussehen:

Du kannst nun alle Enden des Kreuzes mit einer Schere auf eine Länge kürzen und die Enden etwa einen bis zwei Zentimeter vom Schnitt entfernt mit Garn zusammenbinden. Jetzt hat das Kreuz seine charakteristische Form und ist stabil.

Für die Weihe des neuen Kreuzes nimmst du nun das alte Kreuz ab und legst in einer keinen Feuerschale auf Holz oder Kohle und bestreust es mit den Kräutern. Wenn dies dein erstes Kreuz ist, kannst du natürlich nur die Kräuter auf das Holz oder die Kohle verstreuen. Ich dekoriere die Schale gern noch mit schönen Steinen auf meinem Außenaltar.

Du entzündest nun Holz und Kohle und mit etwas Geduld wird auch das alte Kreuz Feuer fangen. Du dankst für den Schutz des letzten Jahres und gibst alle Gedanken an das alte Jahr, von denen du dich lösen möchtest, mit in das Feuer.

Das neue Kreuz ziehst du dann durch den entstehenden Rauch und weihst es dem Licht und bittest um Glück und Schutz für das neue Jahr. Im Rauch des alten Kreuzes geweiht, hängt mein neues Kreuz stets an seinem Platz und wird für das kommende Jahr seinen Dienst verrichten.

Rezeptur reinigende Waschung

Du benötigst:

- Wasser, am besten Quellwasser
- reines Salz (ohne Zusätze wie Jod oder Fluor)
- frische, heimische Salbeiblätter, alternativ getrocknete
- Weingeist
- ätherisches Weihrauchöl

Warte auf den Beginn der zunehmenden Mondphase und lasse 3 Tage verstreichen. Dann beginnst du mit der Zubereitung.

Zunächst füllst du ein Einmachglas oder ein vergleichbares Gefäß etwa zu 2/3 mit dem Wasser und gibst den Salbei hinein. Dazu bereitest du noch ein weiteres, kleineres Glas vor und füllst dort den Weingeist hinein und gibst einige Tropfen des ätherischen Weihrauchöls hinzu. Beide Gläser stellst du verschlossen nebeneinander für eine Woche auf ein Fensterbrett, wo sie tagsüber Sonnenlicht und des Nachts Mondlicht ausgesetzt sind. Dazu besprichst du die Gläser mit folgendem Spruch:

"Die Sonne verbrennt alle Schatten, der Mond nimmt jede Erinnerung hinfort."

Nach der Woche öffnest du das Wasserglas und entfernst den Salbei. Nun gibst du 3 Teelöffel des Salzes hinzu, verschließt es und lässt die Gläser wiederum eine Woche auf dem Fensterbrett stehen. Rühre gut um damit sich das Salz möglichst komplett im Wasser auflöst. Wieder besprichst du die Gläser mit dem Spruch.

Nach der zweiten Woche gibst du den Weingeist in das Wasser und lässt das Glas eine dritte Woche lang auf dem Fensterbrett stehen und besprichst es wieder mit dem Spruch.

Die Waschung ist nun einsatzbereit. Wenn du Gegenstände reinigen und weihen möchtest, besonders neue Gegenstände, reibe Sie mit dieser Waschung ab, um alle alten Anhaftungen zu neutralisieren. Dann kannst du sie in deinem Namen weihen und zu eigen machen.

Altar

Im Februar ist der Altar natürlich stark durch Imbolc geprägt. So sind Dekorationen mit Binsen eine gute Wahl. Auch der Bergkristall aus dem Januar darf weiter liegen bleiben und die Zapfen könnten sich mitunter schon geöffnet haben, um das bevorstehende neue Erwachen der Natur anzukündigen. Auch ein Glas oder eine kleine Vase mit Forsythienzweigen kann aufgestellt werden, welche im Warmen des Hauses schon zu blühen beginnen. Mit dem Erstarken des Lichtes ist jetzt auch die richtige Zeit, weiße Kerzen aufzustellen und regelmäßig zu entzünden.

Zu sammeln gibt es im Februar Moose, Binsen, noch etwas Harz und die Blüten der Zaubernuss und anderer Frühblüher. Die ersten aromatischen Knospen von Pappelblättern können im späten Februar gefunden werden.

Zur Räucherung eignen sich nun langsam auch süßere Düfte, die das Kommen des Frühlings erahnen lassen. Goldrute aus dem Vorjahr und Myrrhe machen sich besonders gut. Auch Guggul kann zum Einsatz kommen. Ansonsten sind wohligwarme Düfte ideal um die Sonne willkommen zu heißen.

Bauernregeln

- ❖ Der Februar muss stürmen und blasen, soll das Vieh im Lenze grasen.
- ❖ Wenn im Februar die Mücken geigen, müssen sie im Märzen schweigen.
- ❖ Spielen die Mücken im Februar, frier'n Schaf' und Bien' das ganze Jahr.
- ❖ Ein nasser Februar bringt ein fruchtbar Jahr.
- ❖ Je nasser ist der Februar, desto nasser wird das ganze Jahr.
- ❖ Ist der Februar trocken und kalt, kommt im Frühjahr Hitze bald.
- ❖ Lässt der Februar Wasser fallen, so lässt's der März gefrieren.
- ❖ Nebel im Februar – Kälte das ganze Jahr.
- ❖ Heftiger Nordwind im Februar vermeldet ein fruchtbar Jahr.
- ❖ Wenn der Nordwind doch nicht will, so kommt er sicher im April.
- ❖ Im Februar müssen die Stürme fackeln, dass dem Ochsen die Hörner wackeln.
- ❖ Ist's im Februar zu warm, friert man zu Ostern bis in den Darm.
- ❖ Februar mit Frost und Wind macht die Ostertage lind.
- ❖ Im Hornung Schnee und Eis, macht den Sommer lang und heiß.
- ❖ Wenn's im Februar nicht schneit, schneit's in der Osterzeit.
- ❖ Kalter Februar gibt ein gutes Roggenjahr.
- ❖ Wenn's der Hornung gnädig macht, bringt der Lenz den Frost bei Nacht.

Eigene Notizen

März

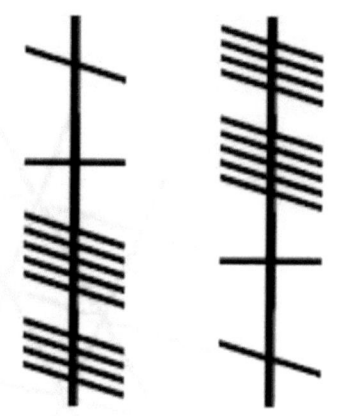

März

Der März steht ganz im Zeichen des Frühlingserwachens. Sein Name geht auf den römischen Gott des Krieges Mars zurück. Doch hat der März im Jahreskreis wenig mit Krieg oder Kampf zu tun, am ehesten noch mit Aufbruch. Im Altdeutschen trägt er den Namen Lenz, was aus dem Westgermanischen "langa-tīn" kommt und länger werdender Tag bedeutet.

Mit dem März kommt auch der Frühlings-beginn. Die Natur erwacht aus ihrem Winterschlaf, der Frost zieht sich langsam zurück und das Tauwasser füllt kleine Bäche auf. Auch in uns selbst ist das Erwachen zu spüren. Die dunkle Jahreszeit liegt nun so gut wie hinter uns und mit der steigenden Sonne erwacht der Tatendrang. Im Garten und im Wald gibt es viel zu entdecken. Die Frühblüher beleben mit ihrer Farbenpracht, Leben liegt in der Frühlingsluft und viele Knospen sind zu erspähen.

Auch die ersten Kräuter erwachen und in meinem Garten sind Melisse und Fenchel die ersten, deren Triebe ihre Köpfchen emporrecken. Gestärkt von dieser natürlichen Kraft erwacht auch der letzte Lebensgeist und mich packt die Lust, aktiv zu werden. Im Garten wird einiges vorbereitet, trockenes Gras und Gestrüpp aus dem Vorjahr entfernt damit die Kräuter Platz zum Austreiben haben und auch der materielle Frühjahrsputz ist nun fällig. Dabei darf natürlich auch die energetische Reinigung nicht zu kurz kommen. Mit dem Hexenbesen wird das Haus gekehrt. In jedem Raum stets von außen zur Mitte und dann zur Tür hinaus fegen. Auch die ersten Projekte können nun begonnen werden. Es gibt Neues zu schöpfen: Kerzen, Amulette und natürlich die Vorbereitungen für das nächste Fest im Jahreskreis zur ersten Tagundnachtgleiche des Jahres: Ostara.

Ostara ᚑᚄᚈᚐᚏᚐ ᛟᛊᛏᚨᚱᚨ

Der Ursprung von Ostara liegt recht im Verborgenen. Historisch ist kein Fest der Kelten gesichert. Als Vorlage diente vermutlich das schottische Frühlingsfest für den heutigen Paganismus. Als Äquinoktium ist dieser Tag heute jedoch nicht mehr aus dem Jahreskreis wegzudenken. Der Name geht auf eine angenommene Frühlingsgöttin des gleichen Namens zurück. Auch ein Bezug zur angelsächsischen Göttin Eastre wird angenommen.

Ostara ist ein Fest des Frühlings und des Lichtes. Die Tagundnachtgleiche bedeutet, dass das Licht die Dunkelheit nun endgültig eingeholt hat und übertrumpfen wird. Die Tage werden nun länger als die Nächte. Gefeiert wird Ostara zur astronomischen Tagundnachtgleiche, welche zumeist auf den 20. oder den 21. März fällt. Das Haus wird mit frischem Grün geschmückt. Es ist Brauch, Birkenzweige zu schneiden und zu Hause in die Vase zustellen.

Für mich persönlich ist zu Ostara jedoch ein anderer Aspekt der Mittelpunkt – das Gleichgewicht. Tag und Nacht sind gleich lang, Licht und Dunkelheit wiegen gleichauf als gleichberechtigte Teile des Ganzen. Balance und Ausgleich sind in all meinem magischen Wirken und Denken sehr wichtig. Gerade in der heutigen Zeit und durch den Einfluss der New-Age-Esoterik scheint die Notwendigkeit des Gleichgewichtes in Vergessenheit zu geraten und das Gesetz der Anziehung steht in einem irreführenden Kontext. Die Menschen sind stets darauf ausgerichtet, nur das Licht zu suchen, nur Liebe zu verbreiten und das Dunkel und das Negative zu bannen. Dabei haben Finsternis und Negativität in dieser Welt die gleiche Daseinsberechtigung wie ihr Gegenpol. Das Gesetz der Anziehung wird heute so definiert, dass man das zurückbekommt, was man aussendet oder ausstrahlt. Das mag für die menschliche Moral gelten – zu wem ich gut bin, der wird auch mir Gutes tun oder eher dazu bereit sein. Aber in der Energie und den Kräften ist dies nicht so. Alles in unserem Kosmos folgt zuerst dem Gesetz des Ausgleiches, des Gleichgewichtes. Positiv und negativ ziehen sich an und gleichen sich aus, stark und schwach vermischen sich und schaffen ein Gleichgewicht. Der Wind entsteht nach diesem Prinzip, die Anzahl der negativ geladenen Elektronen eines Atoms korrespondiert mit der Anzahl der positiv geladenen Protonen in seinem Kern, Elektron und Positron nullifizieren einander. Liegt ein Gleichgewicht nicht vor, wirken die Gesetze darauf hin und den Ausgleich spüren wir – zum Beispiel als den Wind, als Strömungen, als Veränderung. Und so gibt es viele spirituelle Menschen, die auf Biegen und Brechen ein nur positives Leben führen wollen und doch immer wieder von Schicksalsschlägen getroffen werden oder Auseinandersetzungen mit besonders negativen Menschen haben und dennoch unerschütterlich in ihrer fast schon klischeehaften "Licht und Liebe"-Haltung verharren. Ein Übermaß an Positivität zieht zwangsläufig Negativität an. Die Kräfte streben nach Ausgleich. Und so haben auch Dunkelheit und Negatives ihren angestammten Platz in meinem Leben. Zu der Tagundnachtgleiche besinne ich mich auf das Gleichgewicht und bitte darum, auch in diesem Jahr das Geschick zu haben, die Balance zu wahren.

Ein weiterer Aspekt von Ostara ist die Fruchtbarkeit, denn es ist die Zeit der Aussaht und geprägt von der Hoffnung auf eine gute Ernte. Die Anrufung von Fruchtbarkeitsgottheiten ist daher zu Ostara üblich. Häufig nimmt Ceridwen diesen Platz ein. Manche sehen in ihr auch die Entsprechung zu Brigid. Als Symbol der Fruchtbarkeit galten seit jeher das Ei und auch Hasen und Kaninchen; nicht zuletzt, weil letztere dafür bekannt sind, sich rasch zu vermehren. In diesen Sinnbildern liegt vermutlich auch der Ursprung des heutigen Brauches zu Ostern, in welchem der Hase bunte Eier bringt. Und zu Ostara stelle ich ein besonderes Ei auf und erschaffe ein neues, falls das alte ausgedient hat.

Anfertigung goldenes Ei zu Ostara

Um die Symbolik des Eies zu unterstützen, ziert ein goldenes Ei zu Ostara stets meinen Altar. Gold steht hier nicht nur für die Sonne und das Licht, sondern auch für Wohlstand und Fruchtbarkeit.

Hierzu benötigst du ein großes Hühnerei. Am besten beschaffst du dir eines von einem Bauern oder Hühnerhalter in deiner Umgebung. Das Ei wird vorsichtig an der Ober- und Unterseite mit einer Nadel oder dem entsprechenden Eierstecher angestochen. Das Loch in dem Boden wird etwas vergrößert. Vorsicht ist gefragt, damit das Ei nicht zerbricht. Nun werden das Eiweiß und der Dotter ausgeblasen. Dazu führst die Oberseite des Eis zum Mund und bläst kräftig, aber vorsichtig, in die Öffnung. Langsam sollte der Inhalt aus dem Ei gedrückt werden. Manchmal hilft es, mit einem Zahnstocher vorher in dem Ei etwas zu rühren, um das Eigelb zu lockern. Ist alles ausgeblasen, wird das Ei vorsichtig mit Wasser gespült. Fülle es über die größere Öffnung ein und blase es wieder aus.

Das Ei muss nun im Backofen steril gemacht werden. Lasse es dort bei 100 °C gut durchtrocknen. Danach sollte es gefüllt werden. Dazu eigenen sich Wachs, Bastel-Zement oder die weniger umweltfreundliche Variante Kunstharz (Epoxy). Verschließe also die kleinere Öffnung und fülle das Ei. Wenn die Füllung vollständig ausgehärtet ist, geht es an die Dekoration des Eies. Ich nehme hier bewusst die Farbe Gold.

Aber je nach deiner Tradition oder deinem Pantheon kannst du auch eine andere Farbe nehmen. Es eigenen sich goldene Farbe oder Lack oder sogar Blattgold. Ist die Farbe getrocknet (oder der Haftgrund für das Blattgold), wird das Symbol für das Gleichgewicht der Kräfte auf das Ei aufgebracht. Dies ist eine Waage deren Schalen gleich viel wiegen – eine Balance. In den Waagschalen ist zum einen der Mond als Symbol für die Nacht und die Dunkelheit und zum anderen die Sonne als Symbol für den Tag und das Licht. Zusammen symbolisieren sie damit auch die Tagundnachtgleiche. Bei diesem Ei hier auf dem Foto habe ich die Waage mithilfe einer Wasserschiebefolie aufgebracht. Es eigenen sich ebenso Schablonen oder du zeichnest es per Hand auf das Ei, wenn du künstlerisch ausreichend begabt bist. Zu Ostara darf das typische Freudenfeuer oder Osterfeuer natürlich nicht fehlen. Mit Feuerschale auf dem Altar lässt es sich dann mit dem goldenen Ei der Fruchtbarkeit und Balance kombinieren.

Altar

Der Altar im März ist schon wie im Februar stark vom Jahreskreisfest geprägt. Bei mir schmücken ihn das goldene Ei und frisches Grün. Andere Symbole der Fruchtbarkeit oder Statuetten von Fruchtbarkeitsgöttinnen sind ebenfalls eine beliebte Dekoration.

Das karge Auftreten des Winters ist nun endgültig vorbei und es dürfen bunte Steine in Orange, Grün und Violett wirken. Hier eigenen sich Amethyst, Aventurin und Orangencalcit welche gut mit der Farbenpracht der Frühblüher harmonieren. Es ist auch die Zeit, um Rituale mit langfristigen Zielen anzufangen oder die lange Zeit brauchen um zu wirken.

Geräuchert werden kann nun mit allem, was Freude bereitet. Typische Düfte für die Zeit der Toten würde ich jedoch meiden. So sollte zum Beispiel Copal nicht verräuchert werden. Jetzt ist auch der ideale Zeitpunkt, am Haus oder im Garten kleine Opfergaben für die erwachten Naturgeister- und Wesen zu platzieren. Ich habe mir sagen lassen, dass Himbeerlikör mit richtigem Fruchtsaft sehr beliebt sei.

Ritual auf Gedeih und Verderb

Du benötigst:

- einen Wunsch oder Ziel geschrieben auf kompostierbarem Papier
- den Samen einer Pflanze, ideal passend zum Wunsch oder Ziel
- einen Platz im Garten oder ersatzweise Blumentopf und Pflanzerde

Dieses Ritual eignet sich für langfristige Projekte oder um eine Entwicklung zu beeinflussen. Dein Ziel formulierst du in einem

Schlagwort oder als Satz im Präsenz – als wäre es bereits erfüllt. Dieses notierst du sodann auf einem Stück Papier, welches leicht kompostierbar ist. Gestärktes und gebleichtes Papier eignet sich hier weniger gut. Das Papier faltest du ein bis zweimal zusammen.

Als nächstes suchst du dir zu deinem Ziel eine passende Pflanze aus. Welche Pflanze mit welchem Thema gut korrespondiert, kannst du im Internet auf einschlägigen Seiten nachlesen oder suchst in der passenden Literatur danach. Von der Art der Pflanze hängt nun auch der Standort ab, wo du den Samen einpflanzen oder den Blumentopf hinstellen wirst.

Hast du einen geeigneten Platz gefunden, gräbst du ein kleines, aber nicht tiefes Loch und legst das Papier mit deinem Ziel hinein. Benötigt die Pflanze zum Keimen kein Licht, kannst du den Samen nun auf das Papier geben. Anderenfalls bedeckst du das Papier mit Erde und drückst den Samen nur leicht hinein oder legst ihn locker auf die Erde. Hier ist wie gesagt maßgeblich, welche Bedingungen der Samen zum Keimen bevorzugt. Diesen Akt begleitest du mit folgendem Spruch:

Ich gebe meinen Wunsch in den Schoß von Mutter Erde,
auf dass er mit dem Samen verbunden werde.
Ich pflege den Samen und das Leben aus ihm,
und gebe meine Kräfte dafür hin.
Mein Wunsch sich erfüllet wie das Leben gedeiht,
doch vergehet die Pflanze ist mein Wunsch entzweit.
So sei es.
So sei es.
So sei es.

Fortan pflegst du die Pflanze, welche mit deinem Wunsch verbunden ist, und sorgst für ihre Aufzucht. Je weiter die Pflanze wächst und gedeiht, umso mehr erfüllt sich dein Ziel oder Wunsch. Geht die Pflanze ein, hast du zu wenig in dein Ziel und die Pflege investiert. Wird der Samen trotz aller Bemühungen nicht keimen, war die Zeit noch nicht reif, damit

36

sich der Wunsch oder das Ziel erfüllen können. Wird die Pflanze von Schädlingen befallen, stören äußere Einflüsse die Erfüllung deines Ziels. Hier ist es dann wichtig, nicht nur die Schädlinge zu bekämpfen, sondern auch die Hindernisse im Leben zu überwinden, die deinem Ziel entgegenstehen.

Bauernregeln

- ❖ Der März soll wie ein Wolf kommen und wie ein Lamm gehen.
- ❖ Ein fauler, feuchter März ist jedes Bauern Schmerz.
- ❖ Märzgrün ist bald wieder hin.
- ❖ Märzensonne – kurze Wonne.
- ❖ Fürchte nicht den Schnee im März, darunter schlägt ein warmes Herz.
- ❖ Märzenschnee und Jungfernpracht halten oft nur eine Nacht.
- ❖ Wenn im März die Veilchen blüh'n, am Ludwigstag schon oft die Schwalben zieh'n.
- ❖ Schnee, der erst im Märzen weht, abends kommt und gleich vergeht.
- ❖ Siehst du im März gelbe Blumen im Freien, magst du getrost deinen Samen streuen.
- ❖ Säst du im März zu früh, ist's oft vergeb'ne Müh'.
- ❖ Wie's im März regnet, wird's im Juni regnen.
- ❖ Gibt's im März zu vielen Regen, bringt die Ernte wenig Segen.
- ❖ Märzenstaub bringt Gras und Laub.
- ❖ Lässt der März sich trocken an, bringt er Brot für jedermann.
- ❖ Märzenstaub und Märzenwind guten Sommers Vorboten sind.
- ❖ Auf Märzenregen folgt kein Sonnensegen.

Eigene Notizen

April

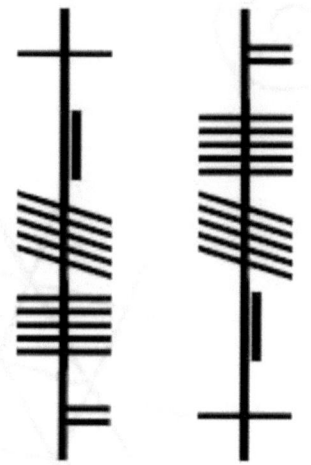

April

Der April verdankt seinen Namen dem lateinischen Wort aperire, was mit "sich öffnen" übersetzt werden kann. Anders als viele andere Monate geht der Name hier nicht auf eine Gottheit zurück. Es wird angenommen, dass er das Öffnen der Erde (durch das Sprießen der Blumen) oder Knospen beschreibt. Alte deutsche Namen sind Launing oder Wandelmonat. Und dies beschreibt den April recht gut. Wie schon das Sprichwort sagt, macht der April, was er will. Das Wetter ist unbeständig und sogar der Winter hält manches Mal wieder Einzug.

Im April hegen und pflegen wir, was im März begonnen hat. Besonders der Hexengarten möchte jetzt Aufmerksamkeit haben. Spätestens jetzt sollten die Beete und Töpfe von altem Laub und vertrocknetem Material befreit werden, damit die neuen Triebe reichlich Platz haben. Auch die ersten Nacktschnecken werden aktiv und machen sich über die frischen Triebe her. Das Freischneiden hilft hier zudem in der Weise, dass man es den Vögeln leichter macht, die Schnecken zu erspähen und zu erbeuten, damit unsere Pflanzen den Schnecken weniger zum Opfer fallen.

Seiner Bezeichnung als Wandelmonat folgend eignet sich diese Zeit gut, um Veränderungen vorzunehmen oder zu bewirken. Rituale für die Umwandlung von Energien oder Situationen sollen im April besonders viel Erfolg versprechen. Ich nutze ihn daher auch, um Ritualgegenstände und Zubehör herzustellen, die der Wandlung dienen. Dazu gehören Räuchermischungen, Sprüche und natürlich auch Wandelkerzen; heute eher als Reversiblecandles bekannt.

Herstellung von Reversiblecandles

Du benötigst:

- Kerzenwachs (hier eignen sich Paraffin, Stearin, Bienenwachs, auch gemischt)
- Farbpigmente für Kerzenwachs oder Wachsreste bunter Kerzen
- Kerzendocht oder Paketschnur aus Naturfaser/Sisal
- zwei hohe und schmale hitzefeste Gefäße zum Wachsschmelzen (z.B. Milchtöpfe)

Bei der Herstellung eigener Kerzen können hervorragend Wachsreste verarbeitet werden. Helle bis farblose Reste können als Basismaterial dienen und bunte Wachsreste zum Einfärben. Reversiblecandles sind Kerzen für Rituale oder mit eigenständiger Wirkung, um Veränderungen zu bewirken oder Entwicklungen zu fördern. Die Kerzen werden dabei typischerweise aus zwei Farben gezogen. Kerzengießen eignet sich für diese Art Kerzen kaum bis gar nicht. Die stete Wiederholung des Kerzenziehens wird mit der entsprechenden Affirmation versehen. Zudem lassen sich so am besten die notwendigen Farbverläufe darstellen.

Klassisch sind die Kerzen aus den Farben Schwarz und Rot. Machen wir die Kerzen selbst, haben wir mehr Möglichkeiten in der Gestaltung. Soll die Kerze allgemein eingesetzt werden, kann es bei schwarz und rot bleiben. Anderenfalls wählst du Farben, die zu den zu ändernden Situationen passen: die Ausgangssituation und der gewünschte Zustand. Als Beispiel nehmen wir einmal eine Heilkerze. Für den kranken, entzündeten Zustand wählen wir rot. Der gewünschte Zustand soll grün sein – Heilung und Linderung.

Zunächst wird die Länge der Kerze durch den Docht bestimmt. Beachte, dass der Docht mindestens zur Hälfte in den Topf eingetaucht werden kann, er also doppelt so lang ist, wie du den Docht eintauchen möchtest. Dabei wiederum ist zu beachten, dass eine Reversiblecandle für gewöhnlich in einem Stück abgebrannt wird. Bemiss die Größe also danach, wie lange die Kerze letztlich brennen soll oder muss. Du schneidest also die passende Länge von der Dochtschnur ab und füllst das erste Gefäß mit ausreichend Wachs und Farbe. Auf dem Herd oder einer Wärmeplatte wird das Wachs vorsichtig bei kleiner Flamme geschmolzen. Ist das Wachs vollständig geschmolzen, drehe die Hitze ab. Das hilft beim Kerzenziehen, indem das Wachs langsam abkühlt.

Beim Kerzenziehen wird der Docht kurz in das Wachs eingetaucht, das erkaltet und der Docht wird wieder eingetaucht. Mit jeder Wiederholung lagert sich eine zusätzliche Schicht Wachs ab und die Kerze nimmt langsam Gestalt an. Ist das Wachs im Topf jedoch zu heiß, lagert sich keine neue Schicht an und die vorherige wird stattdessen nur wieder angeschmolzen. Wie heiß das Wachs sein sollte, hängt von der Zusammensetzung ab. Eine konkrete Temperatur kann ich nicht als Referenz angeben. Probiere es aus und lasse das Wachs noch etwas abkühlen. Das Wachs kann ebenso zu kalt sein und es lagern sich zu dicke Schichten ab - die Kerze wird völlig unförmig und warzig. In dem Fall musst du wieder etwas Hitze zugeben.

Bei jedem Eintauchen kannst du eine Affirmation hinzugeben oder laut aussprechen. Bei unserem Beispiel könnte es für den roten Teil "die Entzündung vergeht" sein. Der Docht wird immer nur bis zur Hälfte oder zu zwei Dritteln eingetaucht. Dabei soll eine Kerze entstehen, die unten die gewünschte Dicke hat und sich nach oben hin verjüngt. Der Docht wird also mit der Zeit jedes Mal weniger tief eingetaucht. Die Zeichnung soll dir schematisch darstellen, wie die Kerze durch das Ziehen aussehen soll, wenn man sie längs durchschneiden würde.

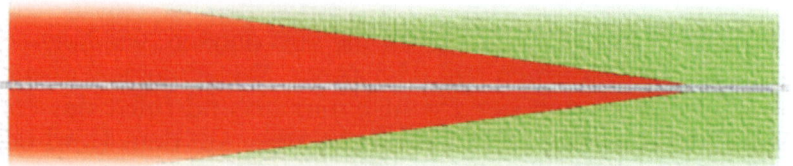

Mit der anderen, grünen, Hälfte verfährst du genauso. Jedoch wird hier der Docht andersherum, kopfüber, eingetaucht, sodass die grüne Schicht den Rest des Dochtes und einen Teil der roten Schicht langsam überdeckt. Hier kann die Affirmation beim Eintauchen zum Beispiel lauten: "der Körper wird gesund". Zum Schluss wird der überstehende Docht an einem Ende weggeschnitten, falls nötig. Bedenke, dass die Kerze mit der Seite angezündet werden muss, die den Jetzt-Zustand darstellt. Während des Abbrennens schmilz der Ausgangszustand dahin und wandelt sich in den gewünschten Zustand, welcher dann ebenfalls vollständig abbrennt und in völlige Erfüllung übergeht.

In unserem Beispielwird die Kerze also mit der roten Seite zuerst angezündet. Da wir diese zuerst eingetaucht haben, wird sich an dieser Seite vermutlich ein stumpfes Ende befinden. Schneide vorsichtig etwas vom Docht frei oder schmelze ein Stück der Kerze ab, bis ausreichend Docht zum Entzünden vorhanden ist. Technisch wäre es sinnvoller, die Kerze anders herum zu ziehen, also die grüne Seite zuerst, damit man dieses Problem nicht hat. In dieser Reihenfolge ist die magische Arbeit aber im Gesamtpaket nicht mehr stimmig. Wir wollen schließlich die Ausgangssituation in die gewünschte umwandeln.

Genesungsritual mit Reversiblecandle

Dies ist ein Ritual, bei dem wir die zuvor beschriebene Kerze direkt verwenden können. Hierbei handelt es sich zudem um ein Ritual, an dem die Reversiblecandle nicht an einem Stück abgebrannt wird. Das Ritual soll die Heilung von Krankheiten unterstützen.

Du benötigst:

- Reversiblecandle Krankheit -> Gesundheit
- ein Blatt Papier und etwas zum Schreiben

Du bereitest nach der von dir bevorzugten Weise ein Ritual mit Schutzkreis vor. Die Reversiblecandle wird endzündet. Dann nimmst du das Blatt Papier und schreibst den Namen deiner Krankheit und deine Symptome so präzise wie möglich auf. Das Blatt wird dann mit einem Tropfen Blut von dir oder deinem Speichel versehen, z.B. in Form eines Fingerabdruckes. Nun reißt du ein Stück des Papieres ab und verbrennst es im Licht der Kerze. Dabei sprichst du folgende Affirmation:

So wie jedes der Worte schwindet,
schwinden ihre Bedeutung und Wirkung.
So sei es.

So kannst du mit einigen weiteren Stücken verfahren. Jedoch wird nicht das ganze Blatt geopfert. Die Kerze wird ausgepustet und am nächsten Tag wiederholst du das Ritual mit den nächsten Stücken des Papieres. Das Ritual wird so lange Tag für Tag wiederholt, bis das Papier vollkommen von der Flamme der Kerze verzehrt wurde. Am letzten Tag muss die Kerze ganz abbrennen und wird nicht mehr gelöscht.

Altar

Der Altar im April kann wie im März weitergeführt werden und sollte den Frühling widerspiegeln. Wenn nötig, erneuere das frische Grün. Zum Räuchern eigenen sich frische und blumige Düfte. Wie zuvor erwähnt ist der April ideal für Rituale der Wandlung und Transformation oder um entsprechende Hilfsmittel für diese Zwecke anzufertigen.

In der Natur gibt es nun schon etwas mehr zu finden. So können neben Schlüsselblumen nun junge Brennnesseltriebe für Tee oder Räucherungen gesammelt werden, die ersten Gänseblümchen sprießen und vor allem der Gundermann kann nun gesammelt werden. Die Gänseblümchen enthalten ein leicht scharf riechendes Öl, welches zur Hautpflege verwendet werden kann. Bei mildem Wetter blühen die ersten Schlehenbüsche.

Bauernregeln

- ❖ Der April macht, was er will.
- ❖ Der April kann rasen. Nur der Mai hält in Maßen.
- ❖ Wenn der April bläst in sein Horn, so steht es gut um Heu und Korn.
- ❖ Wenn der April Spektakel macht, gibt's Korn und Heu in voller Pracht.
- ❖ Je eher im April der Schlehdorn blüht, je früher der Bauer zur Ernte zieht.
- ❖ Heller Mondschein im April schadet den Blüten nicht.
- ❖ Aprilschnee ist der Grasbrüter.
- ❖ Aprilschnee bringt Gras und Klee.
- ❖ Aprilwetter und Kartenglück wechseln jeden Augenblick.
- ❖ April und Weiberwill ändern sich schnell und viel.
- ❖ Blüht die Esche vor der Eiche, gibt es eine große Bleiche*
  blüht die Eiche vor der Esche, gibt es eine große Wäsche**

*Bleiche ist ein altes Wort für einen kargen, heißen Sommer.

**Wäsche bezeichnet einen sehr regenreichen Sommer.

Eigene Notizen

Mai

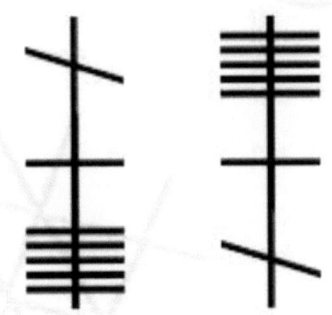

Mai

Der Mai wird als Wonnemonat bezeichnet. Und das zurecht. Er ist der Monat der Fruchtbarkeit, des Wachstums und Gedeihens. Sein Name geht auf die römische Göttin Maia zurück, der zu Beginn dieses Monats geopfert wurde. Ein alter deutscher Name ist Bleuet, was auf die Zeit des Blühens hinweist.

Der Mai schien in vielen Kulturen ein feierträchtiger Monat gewesen zu sein. Den Winter nun endgültig hinter sich gelassen zu haben und das üppige Gedeihen in der Natur gibt dem Menschen auch allen Anlass. So wurde im Mai auch das Vieh endlich wieder auf die Weiden gelassen. Auch die Germanen und Kelten feierten den Mai. Je nach historischer Auslegung beginnt das heidnische oder das Hexenjahr mit dem Mai und dem Fest Beltane. In anderen Auslegungen aber auch mit dem Fest Samhain Ende Oktober, welches im Jahresrad Beltane genau gegenübersteht. Auch die Christianisierung konnte dem Fruchtbarkeitskult nicht viel entgegensetzen und so etablierte sich in angepasster Form die Verehrung der heiligen Jungfrau Maria im Mai.

In der Natur tut sich nun viel und überall können Knospen und Blüten gefunden werden. Die Schlehen blühen, zusammen mit ihnen die Maiglöckchen und Anemonen. Die Vögel singen aus voller Brust und die Luft riecht nach Lebenslust. Und mit eben jener Freude wird eines der wichtigsten Feste auch begangen: Beltane.

Beltane ᛏ ᚻᚻᚻ ᛏ ᚻᚻ ᛏ ᛏᛏᛏ ᚻᚻᚻ ᛒᛖᛚᛏᚨᚾᛖ

Beltane ist im irischen Kalender der Sommeranfang. Im modernen Heidentum ist es zusammen mit Samhain das wichtigste und beliebteste der Hochfeste. Für viele Traditionen des Hexentums beginnt mit Beltane des Hexenjahr, in anderen Wiederum mit Samhain. Gefeiert wird Beltane in der Nacht zum und am ersten Mai. Der Termin hat sich in den noch heute keltisch geprägten Teilen Großbritanniens gehalten. Im Neuheidentum wird er oft auch nach dem Mond berechnet. Der Maifeiertag ist in Europa seit jeher bekannt und es gibt die verschiedensten Traditionen rund um ihn.

In der Nacht zum ersten Mai wurden alle Feuer im Haus gelöscht, das Herdfeuer neu entzündet und mit dem Herdfeuer die übrigen Lichter im Haus wieder entzündet. Licht und Feuer spielen auch heute noch eine große Rolle an Beltane. Eine erhaltene Tradition ist das Feuerlaufen. Neben einem großen Freudenfeuer wird auch ein kleineres entzündet – klein genug, um drüber springen zu können. Das Springen über das Feuer soll Glück bringen und Unheil abwehren. Zwischen zwei solcher Feuer wird auch das Weidevieh zum gleichen Zweck hindurch getrieben. Hierzulande sind sehr ähnliche Bräuche für die Walpurgisnacht überliefert. Hierzu gehören neben dem Tanz in den Mai auch Freudenfeuer als auch das Schmücken eines Maibaumes mit Kranz und bunten Bändern, für den zumeist eine Birke aus dem Wald geholt wurde. Viele Erzählungen ranken sich auch um junge Paare, die zur Walpurgisnacht Liebesakte in den Feldern begingen. Natürlich darf der Tanz der Hexen mit dem Teufel auf dem Blocksberg, dem Brocken nicht fehlen, die sich ebenfalls dem Liebesspiel hingegeben haben sollen.

Auch in den neuen Wicca-Religionen nach Gardner steht die Fruchtbarkeit im Mittelpunkt und es wird die Vereinigung von Gott und Göttin gefeiert. In einigen Formen der Artussage war dies auch die Nacht und das Fest, in der er mit seiner Halbschwester Mordred zeugte.

Wie auch zu Samhain ist der Schleier zur Anderswelt an Beltane dünner, weshalb es zu Sichtungen der anderen Wesen kommen kann. In Deutschland organisieren sich zunehmend auch größere Feierlichkeiten zu Beltane, besonders im Harz und an den Externsteinen.

Ich bevorzuge das Freudenfeuer zu Beltane und entzünde es mit dem Neunholz.

Das Neunholz zu Beltane

Das Neunholz besteht, wie der Name schon vermuten lässt, aus neun verschiedenen heimischen Hölzern. Ich habe mich dabei an Bäumen orientiert, die den Kelten heilig waren. Hierzu stelle ich den Bezug zur Ogham-Schrift her. Jedes Schriftzeichen im Ogham hat einen eigenen Namen, der für einen Baum steht. Der Name des Baumes gibt dabei den Lautwert des Schriftzeichens wieder. Im Folgenden zeige ich die Hölzer auf, deren Zweige ich zu Beltane für das Feuer sammele und welche Bedeutung man ihnen beimisst.

 **Duir**

Eiche (lat. Quercus)
Lautwert: D
Sternzeichen: Löwe
Element: Feuer
Farbe: schwarz
Edelstein: Diamant

Die Eiche ist ein knorriger, ausdauernder Baum. Mancherorts nennt man den Eichenbaum auch König des Waldes. Das Holz ist hart und brennt lange. Die Eiche steht oft in Verbindung mit gerechter Herrschaft und Macht. Der Name Duir bedeutet Tür. So liegt es nahe, dass Öffnungen in den Baumstämmen von Eichen als Tor zur Anderswelt galten.

 Nuin

Esche (lat. Fraxinus)
Lautwert: N
Sternzeichen: Stier
Element: Erde
Farbe: grün
Edelstein: Beryll

Die Esche spielt in vielen Kulturen eine Rolle. In der nordischen Mythologie ist sie neben der Eibe der Hauptkandidat, welcher den Weltenbaum verkörpert. Die Esche gilt auch gemeinhin als Baum des Lebens. So ist die Esche der Baum der Mütter, des Wachstums und des Schutzes. Werkzeug mit Eschenholz soll die Handwerkskunst fördern und es diente als Besenstiel für magische Besen.

 Luis

Eberesche (lat. Sorbus)
Lautwert: L
Sternzeichen: Steinbock
Element: Erde
Farbe: rot bis orange
Edelstein: Karneol

Die dicken, runden Zweige der Eber-esche wurden für die Anfertigung von Runen und andere Orakelwerkzeuge gern genommen, denn sie soll vor Verzauberungen und äußeren Einflüssen schützen. So galt das Urteil des Orakels als ungetrübt. Blätter und Beeren fördern verräuchert die seherischen Fähigkeiten.

⊢ Beth

Birke (lat. Betula)
Lautwert: B
Sternzeichen: Skorpion
Element: Wasser
Farbe: weiß
Edelstein: Bergkristall

Die Birke ist einer der häufigsten Bäume und für das rauschende Aufsaugen von Wasser im Frühjahr bekannt. Nahe einer Wiege aufgehangen sollen die Birkenzweige Unheil vom Neugeborenen fernhalten. In der slawischen Mythologie benutzt Baba Yaga einen Birkenstamm als Stößel. Aus dem feinen Geäst und biegsamen dünnen zweigen können Hexenbesen gefertigt werden.

 Saille

Weide (lat. Salix)
Lautwert: S
Sternzeichen: Krebs
Element: Wasser
Farbe: hellblau
Edelstein: Mondstein

Die Weide ist noch mehr als die Birke mit dem Wasser verbunden. Aus ihrem flexiblen Holz werden magische Bögen und Harfen gefertigt. Auch ihre Zweige eigenen sich für den Hexenbesen, sind aber weniger fest. Hinter dem Vorhang der Weiden soll sich das Feenvolk verstecken. Geräuchert fördert sie Inspiration und Träume.

⊣ Huatha

Weißdorn (lat. Crataegus)
Lautwert: H
Sternzeichen: Wassermann
Element: Luft
Farbe: schwarz bis violett
Edelstein: Topas

Anders als mit dem Schwarzdorn hatten die Inselkelten mit dem Weißdorn keine negativen Verbindungen. Ihm soll die Kraft eines Blitzes innewohnen und gleichsam vor Unwetter schützen. Zauberstäbe aus Weißdorn sollen die magische Kraft seines Trägers verstärken und vor bösen Geistern schützen. Seine weißen Blüten stehen für die Reinheit.

 Fearn

Erle (lat. Alnus)
Lautwert: F
Sternzeichen: Fische
Element: Wasser
Farbe: rot
Edelstein: Pyrop/Granat

Aus den Erlen wurden Farbstoffe gewonnen, mit denen rituelle Kleidungs-stücke gefärbt wurden. Grün gewann man aus den Blüten und Braun- sowie Rottöne aus der Rinde und den Zweigen. Erlenholz soll vor Wasserschäden bewahren. Flöten und Pfeifen aus Erlenholz sollen den Nordwind rufen können. Aus dem Holz werden zudem Wünschelruten gefertigt.

∃ Tinne

Stechpalme (lat. Ilex)
Lautwert: T
Sternzeichen: Widder
Element: Feuer
Farbe: dunkelgrün
Edelstein: Rauchquarz (Cairngorm)

Das Holz der Stechpalme ist sehr fest und dennoch sehr flexibel. So wehrhaft dieser Baum mit seinen stacheligen Blättern ist, so stark ist auch seine Schutzwirkung gegen Unheil, böse Geister und Blitzschlag. Auf dem eigenen Grundstück gepflanzt, bewahrt der Ilex das Haus und seine Bewohner darauf. Ein gutes Holz für Zauberstäbe.

 Colle

Hasel (lat. Corylus)
Lautwert: C/K
Sternzeichen: Waage
Element: Luft
Farbe: braun
Edelstein: Amethyst

Der Haselstrauch ist seit jeher für seine magischen Kräfte bekannt. Sein Holz gehört zu den beliebtesten Materialien für Zauberstäbe. Das Haselholz verstärkt die Kräfte seines Trägers, bietet Schutz und fördert die Kreativität und Weisheit. Gegabelte Haselzweige werden als Wünschelruten für Wasseradern benutzt.

Das Neunholz wird in der Feuerstelle gestapelt oder aufgestellt, um dann daraus das Freudenfeuer zu machen. Ich entzünde dieses Feuer in einem kleinen Steinkreis in meinem Garten, in welchem die Elemente in jeder Himmels-richtung markiert sind. Dieses Ritual erweist sich jedes Mal als sehr intensiv und zieht alle möglichen Kräfte an; so braut sich regelmäßig zu Beltane ein Gewitter über meinem Feuer zusammen. Es eignet sich daher besonders gut um Wünsche zu erfüllen oder andere kraftvolle Magie zu wirken.

Altar

Der Altar im Mai ist bunt geschmückt und soll die Lebensfreude widerspiegeln. Frisches Grün sollte auf keinen Fall fehlen und auch die Kerzenfarben sollten durch ein junges Blattgrün bestechen oder dem reinen weiß der Blüten im Mai. Wenn ich kein größeres Feuer zu Beltane geplant habe, schmückt im Mai ein kleiner Strauß aus dem Neunholz meinen Altar. Je nach Tradition werden auch Statuetten von Gott und Göttin aufgestellt, um die Vereinigung des männlichen und weibliches Aspektes für die Schaffung neuen Lebens zu symbolisieren.

Im Mai und vor allem zum ersten Mai kann der Maitau im frühen Morgen von den Wiesen und Feldern gesammelt werden. Dem Maitau werden viele sagenhafte Eigenschaften zugesprochen. So soll er schön machen und Hautkrankheiten heilen. Dem Vieh gab man ihn zu trinken, damit es mehr Ertrag bringt und die Hexen sollen ihn für die Zubereitung der Flugsalbe ebenfalls gesammelt haben. Für die Herstellung eigener Salben und Cremes ist er eine wertvolle Zutat.

Auch die Maiglöckchen und der Bärlauch können nun gesammelt werden und der Waldboden ist übersät mit Anemonen. Der Löwenzahn lässt die ersten Blätter sprießen und verrät seinen Standort für die Ernte der Wurzeln. Viele Wiesenkräuter wie der Spitzwegerich, (Gamander-)Ehrenpreis, Kamille, Sternmiere und Beifuß können ab Mai gefunden werden. Selbstverständlich darf eine Maibowle nicht fehlen. Im Halbschatten gedeiht in den Wäldern nun der Waldmeister. Der beste Erntezeitpunkt ist kurz vor der Blühte.

Bauernregeln

- ❖ Am 1. Mai Reif oder nass, macht den Bauern immer Spaß.
- ❖ So viele Fröste vor Wenzeslaus* fallen, so viele nach Philippi folgen.
- ❖ Wenn die Sonne gut ist am 1. Mai, gibt es viel Korn und ein gutes Heu.
- ❖ Wenn es regnet am 1. Mai, regnet es auch weiter glei'.
- ❖ Regnet's am ersten Maientag, viele Früchte man erwarten mag.
- ❖ Wenn's Wetter gut am 1. Mai, gibt es viel und gutes Heu.
- ❖ Wenn der 1. Mai schellt, grünt das ganze Feld.
- ❖ Fällt am 1. Mai Reif, so hofft man auf ein gutes Jahr.
- ❖ Fällt Reif am 1. Mai, bringt er im Feld viel Segen herbei.
- ❖ Kommt der 1. Mai mit Schall, bringt er Kuckuck und Nachtigall.
- ❖ Sind Philippus und Jakobus nass, hat der Bauer großen Spaß.
- ❖ Philippi und Jakobi – viel fress' i, wenig hab' i.

* 28. September

Eigene Notizen

Juni

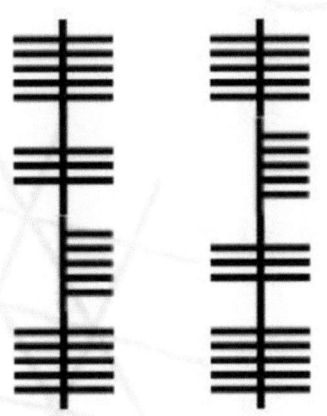

Juni

Der Juni verdankt seinen Namen ebenfalls einer römischen Gottheit und geht auf Juno zurück, der Gemahlin des Jupiters und Göttin der Geburt, Ehe und Fürsorge. Im griechischen Pantheon findet sich in Hera ihre Entsprechung, auch wenn beide nicht identisch sind. Der alte deutsche Name dieses Monats ist Brachet. Der Grund hierfür liegt in der Feldwirtschaft. Die bis hierhin noch brach, also unbearbeitet, liegenden Felder wurden ab jetzt bewirtschaftet.

Im Juni liegt zudem die Sommersonnenwende und damit der längste Tag des Jahres. Der Sommer wird immer deutlicher spürbar und die Tage wärmer. Im Hexengarten beginnt langsam die Sommerblüte vieler Kräuter und es ist auf die richtige Bewirtschaftung und ausreichende Bewässerung zu achten. Der Juni ist auch der Monat, an dem ich meist beginne ausschließlich draußen zu arbeiten. Sei es magisch oder in der Anfertigung von Handwerk. Die warmen Temperaturen und der Stand der Sonne sind hierfür optimal. Die süße Luft und das Konzert der Vögel regen die Inspiration und Kreativität an. Mit der Sommersonnenwende begegnen wir auch dem nächsten Fest im Jahreskreis.

Litha ᚂᚔᚈᚆᚐ ᛚᛁᛏᚺᚨ

Litha wird in der Nacht zur Sommersonnenwende gefeiert, die je nach astronomischen Gegebenheiten meist auf den 21.06. fällt. Der Name geht auf keine keltischen Wurzeln zurück und ist eine moderne Schöpfung aus dem Altangelsächsischen Namen für den Monat Juni. Als längster Tag des Jahres stehen hier die Sonne und das Licht im Mittelpunkt. So ist es nicht verwunderlich, dass auch hier Freudenfeuer entzündet werden. Viele noch heute gelebte Bräuche zur Sommersonnenwende oder zum Mittsommer haben sich vor allem im skandinavischen Raum entwickelt und konnten sich christlichen Einflüssen erwehren. Am Mittsommertag wird die sogenannte Mitsommerstange aufgestellt. Dies ist ein mit Krone, Kränzen sowie Blüten und Blättern geschmückter Baum, um den herumgetanzt wird. Er weist deutliche Parallelen zum Maibaum im mittelgermanischen Teil auf. Üblicherweise wird festliche, helle Kleidung getragen.

Der Mittsommernacht wurde seit jeher eine magische Kraft zugesprochen. Die Feen kommen aus ihren Verstecken hervor und tanzen im Reigen, hinter großen Bäumen verbergen sich Trolle. Ähnlich wie der Maitau wird auch dem Mittsommertau eine heilende Kraft nachgesagt. Traditionell wird er jedoch in Backwerk und Getränken verarbeitet. Auch die seherischen Fähigkeiten werden zur Sommersonnenwende begünstigt. Die wahre Liebe erscheint denen im Traum, die am Tage die Blütenblätter verschiedener Blumen sammeln und sie in der Nacht unter das Kopfkissen legen und darauf schlafen. Ich selbst lasse das große Feuer zu Litha meist weg, da mir das Feuer zu Beltane wichtiger ist. Stattdessen entzünde ich ein kleines Feuer auf dem Altar und verräuchere Goldrute und Johanniskraut. Und noch ein anderer Tag hat Bedeutung für mich.

Festtag der Fortuna

Fortuna ist die Göttin des Schicksals, Erfolgs und Vermögens. Der Feiertag zu ihren Ehren fällt auf den 24. Juni. An diesem Tag ist es möglich, eine ganz besonders kraftvolle Räuchermischung für Erfolg herzustellen.

Zunächst muss der Tag in einer zunehmenden Mondphase liegen. Dies geschieht nur etwa alle zwei bis drei Jahre. Dann werden grüne Kräuter im Namen der Göttin Fortuna gesammelt. Unbedingt dabei sein sollten Minze und Melisse. Es können weitere Kräuter ergänzt werden, die in einem satten Grün stehen. Ich ernte häufig noch Wermut und Thymian oder Salomonsiegel. Die Kräuter werden gut getrocknet. Die trockenen Blätter werden dann klein geschnitten und mit einer klee- oder kräftig grünen Kerze der Göttin Fortuna geweiht. Es ist von Vorteil, wenn auf der Kerze das Rad des Schicksals symbolisch dargestellt ist, in Form eines Wagenrades und optimal mit acht Speichen. Ich habe hierfür eine spezielle Kerze von einer Freundin geschenkt bekommen. Die Kerze wird dabei mit Pfefferminzöl gesalbt.

Nach der Weihe der Kräuter werden sie wie folgt mit weiteren Zutaten in einem Mörser zerkleinert und abgefüllt. Wichtig ist, dass der Anteil von Minze und Melisse den der weiteren gesammelten Kräuter mindestens aufwiegt. Ich habe dabei folgendes Verhältnis gewählt:

- 2 Teile Minze
- 2 Teile Melisse
- 2 Teile Sandarak
- 1 Teil Wermut
- 1 Teil Thymian
- 1 Teil Styrax

Unverräuchert riecht die Mischung erfrischend und balsamisch. Verräuchert entfaltet sich ein herber, erdiger Duft mit einer lieblichen Grundnote.

Die Mischung kann für Rituale verräuchert werden, in denen es um Erfolg, Schicksal, Glück und Geld geht. Sie kann auch als Talisman in einem Beutel oder Anhänger getragen werden.

Altar

Wie in allen Monaten mit Jahreskreisfesten dominiert hier Litha die Dekoration. Warme Sommerfarben und vor allem Gelb sollten jetzt auf dem Altar zu finden sein. Neben gelben Kerzen aus Bienenwachs eignen sich Orangencalcit, Sonnenstein und Karneol sehr gut. Zum Räuchern eigenen sich nun schwere, süße Düfte sehr gut. Dafür kannst du Goldrute, Johanniskraut, Süßgras, Mädesüß und Styrax sowie Myrrhe verwenden.

Im Juni ist der optimaler Erntezeitpunkt für Johanniskraut, welches traditionell am Johannistag vielerorts gesammelt wird. Neben Johanniskraut blühen auch viele andere Feldkräuter und -pflanzen nun. So kannst du Beifußblüten, Löwenzahn, Klatschmohn, Kornblumen, Kamille und viele mehr finden. Wenn du stillgelegte und naturbelassene Felder in deiner Umgebung hast, kann ich dir einen ausgiebigen Sparziergang in diesen nur wärmstens ans Herz legen. Du wirst eine regelreche Schatzkammer der Natur vorfinden.

Bauernregeln

- ❖ Menschensinn und Juniwind ändern sich oft sehr geschwind.
- ❖ Ohne Tau kein Regen heißts im Juni allerwegen.
- ❖ Im Juni kühl und trocken, gibt's was in die Milch zu brocken.
- ❖ Was im Juni nicht wächst, gehört in den Ofen.
- ❖ Wenn im Juni der Nordwind weht das Korn zur Ernte trefflich steht.
- ❖ Gibt's im Juni Donnerwetter, wird gewiss das Getreide fetter.
- ❖ Im Juni ein Gewitterschauer macht das Herz gar froh den Bauer.
- ❖ Wenn kalt und nass der Juni war, verdirbt er das ganze Jahr.
- ❖ Ist der Juni warm und nass, gibt's viel Korn und noch mehr Gras.
- ❖ Im Juni viel Donner bringt einen trüben Sommer.

Eigene Notizen

Juli

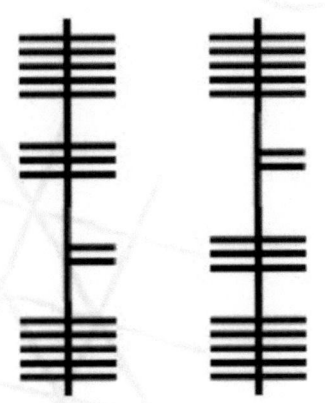

Juli

Mit dem Juli begeben wir uns nun in die zweite Jahreshälfte nach dem gregorianischen Kalender. Auch er verdankt seinen Namen den Römern, genauer gesagt keinem geringeren als Kaiser Julius Cesar. Im Altdeutschen hat er den Namen Heuet, was die Zeit beschreibt, in der das erste Heu geerntet und eingelagert wurde. Ein weiterer Name ist Honigmond oder Honigmonat, da zu dieser Zeit die Bienen ersten Honigerträge hervorbringen.

In den Juli fällt zudem auch kein Fest des Jahreskreises, was den Monat aber nicht weniger magisch macht. Im Hexengarten stehen jetzt die Kräuter in vollem Saft, Beeren sind reif und es gibt einiges zu ernten, einzukochen und zuzubereiten.

Rezeptur Lebenswasser

In einem Fläschchen am Körper als Amulett getragen, soll es vor Krankheit schützen. Äußerlich angewandt dient es als kleines Erste-Hilfe-Mittel für kleine Schürfwunden zur Desinfektion, bei Beulen und Insektenstichen. Ich versprühe es auch gern vor Ritualen oder nach Reinigungsräucherungen als Aura- und Raumspray. Damit ist dem Agua de Florida Peru ähnlich.

1. Stelle zunächst eine Melissentinktur her. Nimm dazu 70%-igen Ethanol und lege fort frische Melisse im Verhältnis 1:1 nach Volumen ein. Sie ist fertig, wenn das Melissenkraut im Ethanol trocken geworden ist und sich beinahe brüchig anfühlt.

2. Räuchere den Raum der Zubereitung des Wassers mit folgender Mischung aus: Wachholderbeeren, Thymiankraut, Opoponax im Verhältnis 1:1:2 und bitte gegebenenfalls deine geistigen Unterstützer hinzu.

3. Fülle nun 150-200 ml der Melissentinktur in das Aufbewahrungsgefäß und beschwöre die Kräfte der folgenden naturreinen ätherischen Öle, die hinzugegeben werden. Die Art der Beschwörung sei dir überlassen, ich nenne dir hier nur die Symbolkraft des jeweiligen Öls:

- 8 Tropfen Zimt; Gemüt
- 6 Tropfen Eukalyptus + 6 Tropfen Kampfer; Atemwege
- 7 Tropfen Rosmarin; Herz-Kreislaufsystem
- 8 Tropfen Zitrone; Kraft/Energie
- 7 Tropfen Nelke; Schmerz und Infektionen
- 9 Tropfen Lavendel; Geist

4. Weihe zuletzt die Tinktur: "Heilig ist dies Wasser, heilig ist ihm das Leben!"

Rezeptur Erkältungstee

Es handelt sich dabei um einen Erkältungstee der die Abwehrkräfte stärken soll. Schmeckt aber bestimmt auch ohne Schnupfen.

Du benötigst:

- Melissenblätter
- Johannisbeerblätter (schwarze Johannisbeere)
- Hagebuttenschalten der Hundsrose
- Fleischig geschälte Schale von sauren Gartenäpfeln

Alle Zutaten müssen getrocknet und zerkleinert werden. Dann mischt du sie im Masseverhältnis (also nach Gewicht) 1:1:1:1. Bei Zubereitung darauf achten, dass der Tee abgedeckt zieht. Die Ziehzeit hängt von einem Geschmack ab, sollte jedoch 15 Minuten keinesfalls überschreiten. Er schmeckt auch gekühlt und leicht gesüßt im Sommer.

Rezeptur Vier-Räuber-Essig

Als die Pest in Südfrankreich wütete, sollen sich vier Männer mit einer geheimnisvollen Flüssigkeit eingerieben und Mundspülungen gemacht haben, um nicht an der Pest zu erkranken. Das machten sie sich zu Nutze, denn sie raubten die Pestkranken aus - ohne sich anzustecken. Dennoch wurden sie gefasst. Erstaunt über die Unversehrtheit der Diebe bot man ihnen Straffreiheit an, würden sie ihr Geheimnis vor der Pest geschützt zu sein, preisgeben. Das sollen sie getan haben und gaben das Rezept der Flüssigkeit her. Die Flüssigkeit war ein bestimmter Kräuteressig und wurde nach den Dieben als benannt als Vier-Räuber-Essig benannt und verbreitete sich in ganz Europa. Woher die vier Halunken das Wissen um die Herstellung des Essigs hatten, ist meines Wissens nach nicht überliefert. Die heute verwendete Vinaigrettes soll jedenfalls daraus entstanden sein. Nach Recherche vieler überlieferter und vermeintlich originaler Rezepte, habe ich mir dieses Rezept anhand der Wirkung der eingesetzten Pflanzen zusammengestellt:

In 250 ml Weißweinessig sollst du folgende Zutaten einen Monat ziehen lassen:

- 2 Teile Weinraute
- 2 Teile Wermut
- 2 Teile Salbei
- 1 Teil Rosmarin
- 1 Teil Kalmuswurzel
- 1 Teil Melisse
- 1 Teil Angelika
- 1 Teil Petersilie

Nach dem Ziehen seihst du den Essig ab und gibst einige Tropfen Kampferöl dazu. Ich rate strickt davon ab, den Essig einzunehmen. Als magische Zutat ist er jedoch bestens geeignet.

Altar

Der Altar im Juli sollte den Sommer widerspiegeln. Bei mir dominieren hier die Farben grün und orange, wobei das grün schon dunkler und satter ist als das frische grün des Frühlings. Da der Juli auch die Zeit ist, wo viele Kräuter in vollem Saft stehen und geerntet werden können, wird der Altar auch mit ein paar frischen Zweigen dekoriert, die beim langsamen Trocknen zudem einen schönen Duft abgeben. Der Juli ist eine gute Zeit für Rituale mit den Themen Licht, Erleichterung, Unterstützung und Bestärkung.

In der Natur und im Hexengarten gibt es nun viel zu ernten. Viele Kräuter blühen oder stehen kurz vor der Blüte und sind damit bereit, geerntet zu werden. Insbesondere sammle ich in der Zeit Löwen-zahnwurzeln, Spitz-wegerich, Melisse, Thymian, Lavendel, Jo-hanniskraut, Salbei, die erste Minze, Weiden-blätter, Beifuß und Wer-mut, Schafgarbe und was sich sonst noch Interessantes finden lässt.

Im Juli liebe ich es zudem, sogenannte Spiritwalks zu unternehmen. Man begibt sich bei schönstem Wetter in die

Natur, ruhig auch in abgelegene Gefilde und lässt die Gedanken schweifen und die Natur auf alle Sinne wirken. Man riecht den Sommer, fühlt den Hauch des Windes und die Blätter von Pflanzen beim Vorbeistreifen, lauscht den Vögeln und dem Rauschen der Bäume, riecht die Sommerluft und schmeckt den umherwirbelnden Blütenstaub, beobachtet jedes Pflänzchen und Stöckchen am Wegesrand und fühlt den Puls des Lebens. Bei diesen Spaziergängen blüht die Kreativität und man entdeckt immer wieder schöne Fundstücke oder neue Pflanzen in seiner heimatlichen Umgebung und auf Fragen, die man in sich trägt, erhält man Antworten als Eingebungen.

Bauernregeln

- ❖ Fällt kein Tau im Julius, Regen man erwarten muss.
- ❖ Im Juli muss vor Hitze braten, was im September soll geraten.
- ❖ Juli schön und klar, gibt ein gutes Bauernjahr
- ❖ Bringt der Juli heiße Glut, so gerät der September gut.
- ❖ Ein tüchtig Juligewitter ist gut für Winzer und Schnitter**.
- ❖ Im Juli will der Bauer schwitzen, als untätig hinterm Ofen sitzen.
- ❖ Fängt der Juli mit Tröpfeln an, wird man lange Regen ha'n.
- ❖ Trübe Aussicht an den Hundstagen*, trübe Aussicht das restliche Jahr.

*Als Hundstage bezeichnet man die Tage, an denen das Sternbild des Hundes auf- und unterging zu Zeiten der Römer, nämlich die Zeit vom 23. Juli bis 23. August. Diese die Tage sind oft die heißesten im Sommer. In unserer heutigen Zeit geht das Sternbild des Hundes allerdings erst um den 30.08. auf. Grund hierfür ist die sich ändernde Stellung der Erdachse (vgl. platonisches Jahr). Als Hundstage sind aber weiterhin die von den Römern überlieferten Tage bekannt. Oft werden auch die Tage von Hitzewellen als Hundstage bezeichnet.

**Schnitter bezeichnet hier den Feldarbeiter, der mit der Sense das Korn schneidet. Nicht etwa den Tod.

Eigene Notizen

August

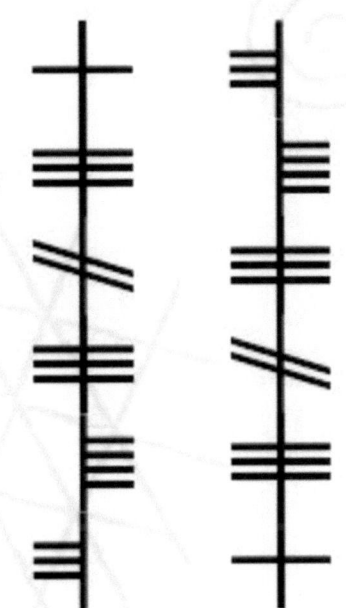

ᚠᚢᚷᚢᛊᛏ

August

Mit dem August haben wir den achten Monat und zugleich letzten Monat, der seinen Namen den Römern verdankt. Der Name des Augusts geht auf den römischen Kaiser Augustus zurück. Sein alter deutscher Name ist Ernting, was den landwirtschaftlichen Kern des Monats als auch sein Jahreskreisfest nur allzu gut beschreibt.

Die Ernte ist in vollem Gange und ein Großteil der Erträge wird jetzt eingefahren. Das warme und mitunter trockene Wetter im August machen diese Zeit auch ideal, um Kräuter und Wurzeln an der Luft zu trocknen.

Ich persönlich habe am August recht wenig Freude. Oft ist es mir zu warm und es ist die Urlaubszeit schlecht hin. Damit sind viele Plätze auch in der Natur mit Menschen übersät und es wird schwieriger Ruhe und Zuflucht im Freien zu finden. Dafür kann der August genutzt werden, intensiver die Altararbeiten zu Hause zu erledigen oder die Ernte des Sommers zu verarbeiten.

Lughnasadh

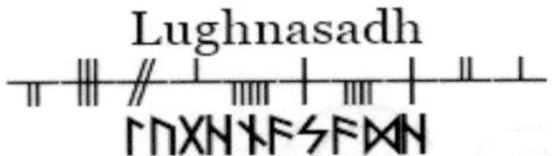

Lughnasadh wird in einigen Traditionen auch Lammas genannt und ist das Erntefest im Jahreskreis (nicht Erntedankfest!). Ich nutze hierfür den Termin des ersten Augusts. Übersetzt aus dem Altirischen bedeutet der Name so viel wie der Tod des Lugh. Lugh war eine irische Götterfigur und geht vermutlich auf den keltischen Gott des Handwerks, Lugus, zurück. Die Übersetzung des Namens ist etwas irreführend, da nicht der Lichtgott Lugh selbst den Tod fand, sondern er dieses Fest zu Ehren seiner gestorbenen Ziehmutter abgehalten haben soll. So erscheint es wenig verwunderlich, dass im Neuheidentum Lughnasadh als Tod des Getreidegottes interpretiert wurde, der mit seinem Opfer die Ernte beschert. In Verbindung damit steht auch der Brauch, ein Brot in Form einer Götterfigur zu backen. Der Name Lammas ist geschichtlich jünger als Lughnasadh und steht in Verbindung mit dem christlichen Fest der Weihe des ersten Brotes aus dem geernteten Korn (Brotlaibmesse).

Lughnasadh ist ein Fest des Überflusses. Gefeiert wird, dass die Natur dem Menschen nun Nahrung in großen Mengen zur Verfügung stellt. Üblich ist daher auch, an Lughnasadh um eine reiche Ernte zu bitten und entsprechende Rituale abzuhalten. Zeitlich passt dies optimal, denn die eigentliche Erntezeit beginnt gerade erst. Ähnlich wie zu Beltane werden auch zu Lughnasadh Bindungen und Ehen geschlossen und Versprechen abgegeben. Auch der Handel mit Vieh und Waren war zu diesem Fest üblich, weshalb es in früheren Zeiten fast schon die Gestalt eines Jahrmarktes mit großen Feiern und Tanz annahm.

Heute ist Lughnasadh weitaus kleiner und wird zumindest im Neuheidentum nicht mehr mit großen Märkten gefeiert. Für mich persönlich ist es sogar das Fest, zu dem ich am wenigsten

Verbindung habe. Das Erntedankfest im September ist mir hingegen sehr wichtig. Dennoch bleibt Lughnasadh nicht ungenutzt und es ist der Zeitpunkt, die geernteten Kräuter zu weihen oder Rituale für Fülle, geschäftlichen Erfolg und Versprechen abzuhalten.

Ritual zur Erfüllung eines Versprechens oder Wunsches

Dieser Zauber wirkt nicht sofort, da er Zeit zum Aufladen und Erstarken benötigt. Das Ritual selbst ist dabei wie ein Versprechen, dass du dir oder einem anderen gibst und hältst. Je länger dies der Fall ist, desto kraftvoller ist das Ergebnis. Dieser Zauber eignet sich also dafür, ihn aufzubewahren und erst dann einzusetzen, wenn es wirklich notwendig ist. Dieser Zauber eignet sich gleichermaßen als langwieriger Geldzauber, der erst im Bedarfsfall zum Tragen kommt.

Du benötigst:

- ein Blatt Papier, am besten Papier mit Bedeutung für dich oder Urkundenpapier
- ein kleiner Gegenstand, der deinen Wunsch, das Versprechen oder Geld symbolisiert
- Kräuter für Erfolg und Glück (z.B. Minze, Melisse, Spitzwegerich, Basilikum oder die Fortuna-Mischung)
- Siegelwachs in Rot oder Grün
- Siegelstempel

Zunächst nimmst du das Papier und schreibst den Wunsch, das Versprechen, einen magischen Pakt oder Vertrag oder im Falle des Geldzaubers eine erhoffte Summe Euro nieder. Das Ziel sollte realistisch bleiben, auch Magie kann sich nur im Rahmen der Naturgesetze unseres Kosmos bewegen. Handelt es sich um ein Versprechen oder einen Pakt, dann unterschreibe den Text und hole dir auch die Unterschrift des Paktpartners ein oder der Person, der du das Versprechen gibst.

Dann lege einen Gegenstand auf das Papier, der den geschrieben Text symbolisch verkörpert. Beim Geldzauber wähle eine Geldmünze - je wertvoller, desto besser. Dazu gibst du dann die Kräuter. Falte das Papier zusammen. Möglichst so, dass ein flaches Päckchen entsteht, dass sich nur von einer Seite aus öffnen lässt. Die simpelste Methode ist, die Ecken das Papieres in die Mitte zu falten. Das Papier muss nun versiegelt werden. Nimm das Siegelwachs und schmelze es in einem Löffel. Gieße es in ausreichender Menge in die Mitte der nach innen gefalteten Papierspitzen bzw. auf den Verschluss des Päckchens und drücke den Siegelstempel hinein, bis das Wachs erkaltet ist. Wenn das Wachs abgekühlt ist, ist das Papier versiegelt. Der Zauber beginnt nun sich aufzuladen. Bewahre ihn an einem sicheren und für dich bedeutsamen Ort auf. Je länger er liegt, Wochen, Monate oder sogar Jahre, desto stärker ist am Ende seine Wirkung. Kommt dann die Situation, in der du das Versprechen einlösen musst, dein Wunsch sich erfüllen soll oder du Geld benötigst, nimmst du das Papier und verbrennst es vollständig samt der Kräutermischung in einer feuerfesten Schale. Der Zauber ist nun freigesetzt und die gesammelte Kraft wird dafür sorgen, dass dein Vorhaben bestmöglich in Erfüllung geht.

Altar

Der Altar ist natürlich auch im August sommerlich geschmückt. Die Farben gelb, orange und ein dunkles grün dominieren. Passend zu Lughnasadh wird ein Teil der Ernte zum Dekorieren auf dem Altar platziert. Dies können Früchte, Zweige von Kräutern oder Blüten von Sommerblumen sein. Bist du zu Lughnasadh ein Versprechen eingegangen oder hast das eines anderen besiegelt, sollten zwei ineinander verschlungene Ringe für die symbolische Unterstützung nicht fehlen. Die Ringe können auch die Form von kleinen Kränzen annehmen, die du aus Blumen oder den Fruchtständen des Spitzwegerichs flechtest.

In der Natur gibt es nun reichlich zu sammeln und zu ernten: die ersten Haselnüsse, Pflaumen, Kirschen und Sommeräpfel, diverse Beeren wie Brombeeren, Stachelbeeren, Holunderbeeren oder Vogelbeeren und Schlehen, Löwenzahnwurzeln, Galläpfelchen sowie unzählige Kräuter in Wildnis und Garten. Es ist die ideale Zeit, die Vorräte aufzustocken, Pflanzenmaterial zu trocknen und zu Tinkturen, Cremes und Pulvern zu verarbeiten. Auch die Blätter der Brom- und Johannisbeeren können geerntet und getrocknet werden. Sie ergeben einen schönen Tee und gutes Räucherwerk. Hierzu werden sie oft zuvor fermentiert. Dazu wird ein fester Ball aus den frischen Blättern geformt und mit etwas Garn gewickelt, damit er in Form bleibt. Der Ball bleibt dann für ein bis zwei Wochen an einem warmen und nicht zu trockenen Platz liegen. Eine gute Luftzirkulation ist wichtig, damit kein Schimmel entsteht.

Zum Räuchern eigenen sich schwere, süße Düfte von Blüten und Harzen wie Myrrhe oder Styrax.

Rezept für Sommerkonfitüre mit Thymian

Du benötigst:

- 250 g frische Brombeeren
- 250 g frische Johannisbeeren (rot oder rot und schwarz gemischt)
- 250 g frische Stachelbeeren
- 250 g 1:3 Gelierzucker
- Saft einer Zitrone
- eine Hand voll frische Thymianzweige

Diese Konfitüre ist im Vergleich zu anderen zuckerarm und hat einen sehr hohen Fruchtanteil. Die Beeren sind immer im Sommer reif und können frisch geerntet werden. Der Thymian komplementiert wunderbar die fruchtigen Noten der Beeren und gibt dieser Konfitüre das Gewisse Etwas.

Wasche die Beeren grob und gebe sie in einen großen Kochtopf. Hier gibst du den Saft einer Zitrone hinzu und lässt das Obst langsam aufkochen. Nach und nach sollten die Beeren ihren Saft freigeben. Achte darauf, dass nichts ansetzt. In der Zwischenzeit kannst du die Thymianzweige rebeln. Das heißt, du rupfst die Blätter von den Zweigen. Für die Konfitüre benötigen wir nur die Blätter. Die Zweige werfe aber nicht weg! Du kannst sie trocknen und zum Räuchern verwenden. Sie sind genauso aromatisch wie die Blätter und geben eine erdigere Note.

Wenn der Fruchtsud kocht, gebe den Gelierzucker und die Thymianblätter hinzu und lasse alles für eine Minute sprudelnd köcheln. Dann fülle die heiße Konfitüre in sterile Gläser ab und verschließe diese gut. Beschriften nicht vergessen!

Bauernregeln

- ❖ Je dicker die Regentropfen im August, je dicker wird auch der Most.
- ❖ Augustregen wirkt wie Gift, wenn er die reifenden Trauben trifft.
- ❖ Bringt der August viel Gewitter, wird der Winter kalt und bitter.
- ❖ Stellt im August sich Regen ein, so regnet's Honig und guten Wein.
- ❖ Trübe Aussicht an den Hundstagen, trübe Aussicht das restliche Jahr.
- ❖ Im August blüht der Schnee für den nächsten Winter, wenn weiße Wolken ziehen.
- ❖ Der Tau tut dem August so not, wie jedermann das täglich Brot.
- ❖ Ist's in der ersten Augustwoche heiß, bleibt der Winter lange weiß.
- ❖ Was der August nicht vermocht, kein September mehr kocht.
- ❖ Nasser August macht teure Kost.

Eigene Notizen

September

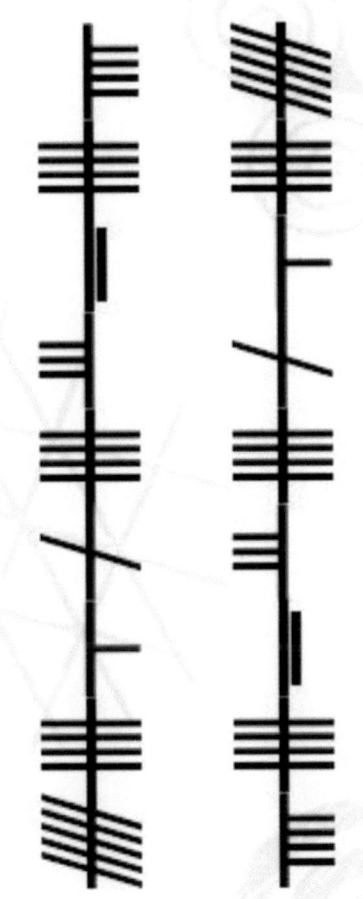

ᛋᛖᛈᛏᛖᛗᛒᛖᚱ

September

Wir nähern uns dem Jahresende und beginnen den Herbst mit dem September. Anders als die vorherigen Monate verdankt dieser Monat seinen Namen einer Zahl. In der früheren Zeitrechnung begann das Jahr im März und der September war der siebente Monat. Im Lateinischen heißt die die Zahl Sieben nämlich "septem". Alte deutsche Namen sind Scheiding oder Herbsting. Mit Scheiding ist das Scheiden, das Trennen vom Sommer, gemeint, womit der September, wie sein anderer Name Herbsting schon sagt, den Übergang in den Herbst bildet.

Doch auch Spätsommer kann man im September erleben. Oft ist der September für mich einer der schönsten Monate. Es ist sonnig, nicht zu heiß, es weht ein angenehm lauer Wind und die Natur verändert sich noch einmal, wird bunter und bringt neue Erzeugnisse hervor – jedoch nicht von den Pflanzen. Die haben uns bis zum September fast alles gegeben, was sie hervorbringen konnten und bereiten sich auf die Ruhe vor. Der September ist daher auch der Übergang zum Ende der Erntezeit und die Erträge der Ernte werden gefeiert und der Natur gedankt. Und noch einen Übergang erleben wir im September: die Herbsttagundnachtgleiche. Wir begeben uns wieder in die dunkle Jahreszeit, in der die Nächte wieder länger dauern als die Tage. Und diese Tagundnachtgleiche ist auch das nächste Fest im Jahreskreis.

Mabon ᚋᚐᚁᚑᚅ ᛗᚨᛒᛟᚾ

Wie bereits erwähnt fällt Mabon mit der Herbsttagundnachtgleiche zusammen. Diese liegt meistens auf dem 23. September. Das Fest selbst wird meist einige Tage lang begangen, entweder ab dem 20. September oder an den Tagen vor, während und nach der Tagundnachtgleiche.

Im heutigen Heidentum ist Mabon das Erntedankfest und in diesem Sinne begehe ich es auch. Der Name Mabon ist ebenso modernen Ursprungs, geht aber auf eine Gestalt des walisischen Pantheons zurück, Mabon fab Modron oder auch Maponos aus dem keltischen Götterkreis. Die Namensgebenden Sagengestalten stehen jedoch nicht mit der Ernte oder dem Erntedank in Verbindung. Auch ist im keltischen Raum kein Erntedankfest zu dieser Zeit überliefert. Auf dem Festland im germanischen Raum hingegen gab es viele dieser Feste. Das heutige Mabon ist also eine Fusion aus Festen germanischen Ursprungs und den Namen keltisch-walisischer Sagengestalten.

Zu Mabon hat sich vor dem Hintergrund eines Erntedankfestes die Tradition etabliert, ein üppiges Mahl gemeinsam einzunehmen. Hier werden neben Wild und Rotwein vor allem auch Getreide und Früchte der Ernte verarbeitet, sodass auch reichhaltige Kuchen (z.B. Bauernkuchen mit hohem Eigehalt) den Weg auf die Tafel finden. Bei der letzten Getreideernte wird symbolisch die letzte Garbe aus gebundenem Korn auf dem Feld stehen gelassen. Auch werden drei Früchte zu Ehren der Kornmutter und zum Dank über die Schulter geworfen.

Ich feiere das Erntedankfest weniger damit, mir selbst den Bauch vollzuschlagen als vielmehr von der Ernte zum Dank der Natur etwas zu opfern und zurückzugeben. Dafür macht sich ein Außenaltar hervorragend. Ich nehme von der Ernte des Jahres einige Stücke und dekoriere den Altar damit festlich. Es kommen Nüsse, Früchte, Kräuter, Säfte und verschiedenes mehr zum Einsatz. Mit einem rituellen Feuer bei Sonnenuntergang segne ich die Opfergaben, danke der Natur und ihren Wesen. Die Opfergaben lasse ich auf dem Altar, sodass die Natur sich durch Wetter, Zerfall und Tiere ihren Anteil zurückholen kann.

Mabon nutze ich indes nicht nur um für die Ernte zu danken, sondern auch für alle anderen Erträge und Erfolge des Jahres.

Rezept Bauernkuchen

Du benötigst:

- 200 g Dinkelvollkornmehl oder Weizenvollkornmehl
- 200 g Butter
- 4 Landeier
- 85 g Zucker
- 50 g Zuckerrübensirup Gold oder Schwarz
- 15 g Bourbon Vanillezucker
- Saft einer Zitrone
- 1 Pck Backpulver
- Prise Salz

Zunächst trenne die Eier wie folgt: 4 Eiweiß in eine Rührschüssel und die übrigen 4 Eigelbe zunächst extra. Gib die Prise Salz zu den 4 Eiweiß in der Rührschüssel und schlage sie auf höchster Stufe auf. Dann gib langsam nach und nach den Zucker, Vanillezucker und den Sirup dazu. Der Eischnee wird auf höchster Stufe weitergeschlagen. Währenddessen schmelze die Butter vollständig. Die warme, flüssige Butter wird dann ganz langsam in den Eischnee geschlagen. Eine Küchenmaschine auf höchster Stufe macht sich hier am besten. Danach werden nach und nach die Eigelbe untergeschlagen. Bestenfalls hat die Masse kaum an Volumen verloren. Nun siebe Mehl und Backpulver in die Masse und schlage beide ebenfalls unter. Zuletzt gibst du den Saft einer Zitrone dazu. Der Teig sollte nur wenig an Volumen verloren haben und sehr locker und gut fließend sein.

Lege eine Kastenform am Boden mit Backpapier aus. Den Teig gibst du nun in die Kastenform. Der Kuchen wird bei 160 °C Umluft für mindestens eine Stunde gebacken. Mache nach einer Stunde die Stäbchenprobe. Sollte der Kuchen noch nicht gar sein, backe ihn weitere 15 Minuten oder so lange, bis er gar ist. Den Kuchen kurz auskühlen lassen und dann mit einem Messer rundum vom Rand lösen. Aus der Form wird er erst gelöst, wenn er vollständig abgekühlt ist. Das Backpapier kannst du dann ganz leicht vom Kuchen abziehen.

Rezeptur Karmelitengeist

Der Karmelitengeist ist ein Tonikum und kleines Allheilmittel. Er wurde im Mittelalter von den Klosterfrauen, den Karmelitinnen, hergestellt, woher er auch seinen Namen hat. Es heißt, er sei der Ursprung des heute bekannten Mittels Klosterfrau Melissengeist. Viele der Zutaten sind nach der Ernte verfügbar, weshalb jetzt im September die beste Zeit für eine Anfertigung ist.

Auf der Haut wirke er stillend auf Juckreiz und gegen Entzündungen. Einige Tropfen innerlich angewandt, sollen der Harmonisierung von Herz und Gemüt sowie der Verdauungssäfte dienen. Auch soll er vor drohenden Erkältungen bewahren.

Für seine Herstellung sammle:

- 4 Hände voll Melissenkraut
- 1 Hand voll Angelikawurzel
- 1 Hand voll Baldrianwurzel
- 1 große Muskatnuss
- 2 Hände voll Orangen- oder Zitronenschalen
- 1 Hand voll Lavendelkraut und -blüten
- 3-4 Zimtstangen
- 5-6 Dolden Fenchelkraut

Setze dies in 70 %igen Ethanol an, bis die Melissenblätter sich brüchig anfühlen. Seihe den Sud ab und destilliere den Extrakt, um die klare Essenz, den Karmelitengeist zu erhalten. Aufbewahrt wird er in einer gut verschließbaren Flasche aus dunklem Glas.

Altar

Im September ist der Altar wesentlich von Mabon bestimmt und besticht durch die Dekoration zum Erntedankfest. Korn, Kräuter, Beeren, Früchte und vieles mehr können zum Einsatz kommen. Die optimalen Farben sind nun rot, orange, braun und gelb. Mit dem Beginn der dunklen Jahreszeit können nun auch regelmäßig Kerzen entzündet werden. Aus dem Reich der Steine kommen nun die erdigen Töne zum Einsatz. Versteinertes Holz, ungefärbter Achat und verschiedene Jaspisvarianten fügen sich ins Bild. Balsamische und erdige Düfte komplementieren die Atmosphäre im September. Zum Räuchern eigenen sich jetzt daher Wurzeln, Rinden und Hölzer sehr gut. Zum Beispiel die geernteten Wurzeln von Löwenzahn oder das zurückgeschnittene Holz aus dem Hexengarten von Haselnuss, Obstbäumen und verholzten Kräutern. Bei den Harzen kann zu Weihrauch, Bernstein und Benzoe gegriffen werden. Auch Copal kann vorsichtig zum Einsatz kommen.

Das Erntedankfest ist nicht nur ein guter Anlass, für die Erträge aus der Natur zu danken. Der September ist eine gute Zeit, für alle möglichen Zuwächse und Erfahrungen des Jahres zu danken sowie Dankes- und Opferrituale abzuhalten. Der Zeitpunkt ist deshalb günstig, weil neben Beltane in anderen Traditionen auch Samhain als das heidnische Neujahr betrachtet wird. Der September liegt damit am Ende des Jahres und man blickt auf eben dieses zurück.

In der Natur gibt es nun die letzten Früchte und Pflanzen zu ernten. Dafür haben andere Schätze der Natur jetzt Hochkonjunktur: die Pilze. Mitte bis Ende September lassen sich die ersten jungen und festen Pilze finden. Es finden sich gute Speisepilze wie Maronen, Raufußröhrlinge und Steinpilze aber auch Pilze für die magische Arbeit wie den Fliegenpilz. Auch das Wintergrün und die Preiselbeeren haben jetzt Saison. Viele Menschen gehen erst im Oktober oder gar November Pilze sammeln. Dort lassen sich noch gute Pilze finden. Jedoch ist hier darauf zu achten, dass die älteren und größeren Exemplare stehen gelassen werden zum Aussporen. Wie immer beim Sammeln in der Natur gilt natürlich auch hier: nur so viel, wie wirklich benötigt wird.

Für mich persönlich beginnt im September auch die Zeit der Bäume. Sie verändern sich und bereiten sich auf den Winter vor. In dieser Zeit erscheinen sie mir besonders gesprächig und es lohnt sich, dem Flüstern im Rauschen der Blätter zu lauschen. Da wir uns Samhain und damit einem dünner werdenden Schleier erneut nähern, kannst du auch vermehrt Wald- und Baumgeister wahrnehmen.

Bauernregeln

- ❖ Wenn im September viele Spinnen kriechen, sie einen harten Winter riechen.
- ❖ Wie der Basilius*, so der September.
- ❖ September warm und klar, verheißt ein gutes nächstes Jahr.
- ❖ Donnert's im September noch, wird der Schnee um Weihnacht hoch.
- ❖ Im September die Birnen fest am Stiel, bringt der Winter Kälte viel.
- ❖ Viel Nebel im September über Tal und Höh', bringt im Winter tiefen Schnee.
- ❖ Am Septemberregen ist dem Bauer viel gelegen.
- ❖ Wenn Bucheckern geraten wohl, Nuss- und Eichbaum hängen voll, so folgt ein harter Winter drauf, und es fällt der Schnee zuhauf.
- ❖ Viel Eicheln im September, viel Schnee im Dezember.

*Basilius ist der Tag des St. Basilius am 2. Januar eines Jahres

Eigene Notizen

Oktober

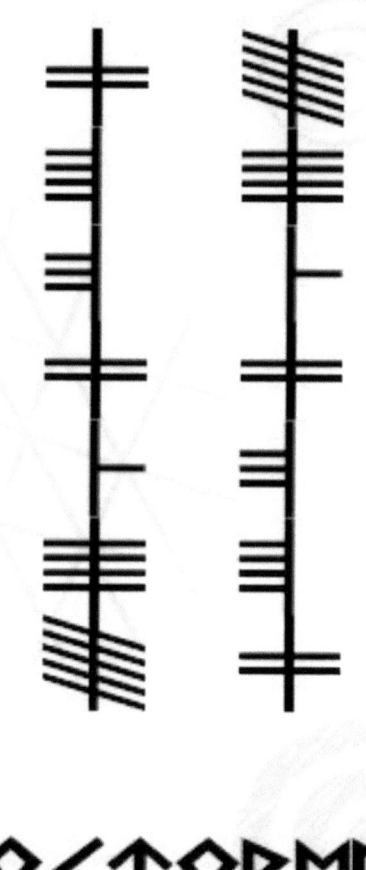

ᛟᚲᛏᛟᛒᛖᚱ

Oktober

Der Oktober hat ebenfalls seinen Namen von einer Zahl, der acht. Aus der Musik zum Beispiel kennt man auch die Oktave. Nach der alten Zeitrechnung war er der achte Monat. Sein alter deutscher Name ist Gilbhart oder Laubrost, was auf die Färbung der Blätter zurück geht. Gilb ist die Farbe Gelb und hart war ein Ausdruck für reichlich oder viel.

Der Oktober ist mein liebster Monat. Nicht nur, weil ich im Oktober geboren bin, sondern weil der Monat auch optisch der schönste Monat sein kann. Die sich gelb und rot färbenden Blätter der Bäume leuchten und strahlen in der Oktobersonne, der Wind ist frisch und belebend und mit dem Oktober beginnt für mich die mystische Zeit des Jahres. Noch viel mehr als zu Beltane spüre ich den dünner werdenden Schleier und die Luft ist voll von Magie. In dem gefallenen Laub regt sich immer etwas, die Natur schenkt uns herbe und intensive Düfte. Besonders der Wald riecht im Herbst sehr intensiv, würzig und abwechslungsreich. Wir nähern uns dem letzten Hochfest des gregorianischen Kalenderjahres – Samhain. Zu Samhain scheint es, ist nicht nur der Schleier zur Anderswelt dünner, sondern auch jener in das Reich der Toten. Der Oktober steht daher für mich ganz im Zeichen der Toten, der Ahnen und des Scheidens. Und damit widmen wir uns dem nächsten Hochfest – Samhain.

Samhain ⊤⊤⊤ + / ⊥ + ‖‖‖ ⊤⊤⊤ ᛋᚨᛗᚺᚨᛁᚾ

Samhain hat eine lange Tradition und birgt die Wurzeln des heutigen Halloweens. Gefeiert wird es in der Nacht vom 31. Oktober auf den 1. November. Berechnet man den Zeitpunkt nach dem Mond, schwankt das Datum stark von Ende Oktober bis Mitte November. Die Ursprünge von Samhain liegen im irisch-keltischen Raum. Es galt dort als der Beginn eines neuen Jahres.

Der wohl wichtigste Aspekt von Samhain war seit jeher, dass dann der Schleier zur Anderswelt und zum Totenreich besonders dünn ist oder anders gesagt, die Tore zwischen den Welten sogar offen stünden. Anders als in der verklärten Sicht des Neuheidentums fürchteten sich die Menschen vor den Wesen aus der Anderswelt und besonders vor den Síd oder Sidhe. Man fürchtete ihre Gestalt, hatte Ehrfurcht vor ihren Kräften und bangte darum, von ihnen nicht in ihre Welt entführt zu werden. Die Menschen zogen sich daher in ihre Häuser zurück und wagten sich nur unter Lärmen und mit grausigen Kostümen vor die Tür – entweder um unter ihnen nicht aufzufallen oder um sie abzuschrecken. Den Erzählungen nach entwickelte sich hieraus der Brauch des Verkleidens am heutigen Halloween. Mit all dem Tod und Schrecken liegt Samhain nicht nur Beltane auf dem Jahreskreis gegenüber, es bildet auch seinen dunklen Gegenpol.

Eine Tradition die ich an Samhain verfolge ist das Ahnenmahl. Hierbei backe ich ein spezielles Brot und weihe es auf dem Altar mit einer besonderen Räuchermischung aus Copal und weiteren Zutaten. Für das Ahnenmahl wird sodann ein Tisch gedeckt, wenn möglich auch draußen. Dabei wird ein Platz mehr bedeckt als am Mahl teilnehmen. Der zusätzliche Platz ist für die Geister der Ahnen gedacht und ihnen gewidmet. Das Brot wird geteilt indem es gerissen oder in Scheiben geschnitten wird. Auch auf dem Teller für die Ahnen landet ein Stück des Brotes. Das Mahl wird dann im dunklen eingenommen, mit einer Laterne in der Mitte des Tisches, die den Seelen als Orientierungspunkt dient. Man ruft einen verstorbenen Verwandten oder denkt fest an ihn. Während des Ahnenmals

wird sich nicht miteinander unterhalten. Jeder ist im inneren Zwiegespräch mit der Seele der Person, die er gerufen hat. Die Atmosphäre bei dieser Mahlzeit ist immer vertraut und spendet Seelenfrieden. Man kann Probleme besprechen und Anregungen, Ratschläge und Warnungen aus dem Reich der Verstorbenen erhalten.

Rezept Ahnenbrot

Für das Brot benötigt man zunächst Eichenrindensirup. Der wird aus Eichenrindentee gemacht. Der Tee sollte aus der Apotheke oder dem Reformhaus gekauft werden. Ich empfehle nicht, selbst Eichenrinde zu sammeln um daraus Tee zu machen. Grundsätzlich ist die Eiche für den Menschen ungenießbar und kann giftig sein. Der Tee wird gut ziehen gelassen. Auf 150 ml einen Esslöffel voll genügt. Der Auszug sollte eine goldrote Farbe bekommen, wie in folgendem Bild.

Nun wird daraus ein Sirup gemacht, indem in den heißen Tee etwa die gleiche Fülle Zucker eingerührt wird, also 150 ml. Der Sirup wird abgeseiht und abgekühlt.

Die Eiche nimmt hier die Rolle als Bindeglied zu den Ahnen ein. Eichen sind kräftige und lange überdauernde Bäume, deren verzweigte Äste oft wie in einem Stammbaum angelegt sind. Und dieser Analogie wird sich hier bedient.

Für das Brot verwende ich gern Weizen- und Dinkelvollkornmehl. Die Mehlsorten können aber nach Belieben ausgetauscht werden. Das Rezept lautet:

- 300 g Dinkelvollkornmehl
- 300 g Weizenvollkornmehl
- 150 ml Eichenrindensirup
- 150 ml warmes Wasser
- 4 EL Salz
- 1 Würfel Hefe/1 Pck. Trockenbackhefe

Zunächst wird ein Vorteig gemacht. Dazu werden der Sirup, das Wasser, das Salz und das Dinkelmehl vermengt. Dieser klebrige Brei wird nun für einen Tag lang stehen gelassen.

Am nächsten Tag wird in die blubbernde Masse das restliche Mehl für 10 Minuten eingeknetet. Der Teig muss dann gehen, bis er sein Volumen verdoppelt hat. Danach wird der Teig noch einmal kurz geknetet und in Form gebracht. Er geht jetzt noch einmal für 30 bis 60 Minuten. Ich habe vor dem Backen mit einem scharfen Messer noch ein Pentagramm eingeritzt.

Gebacken wird das Brot dann bei 200 °C Umluft für 40 Minuten. Das Brot ist fertig, wenn es hohl klingt, wenn man auf die Unterseite klopft.

Rezeptur Ahnenräucherung

Dieses Rezept habe ich in Form einer Geschichte in einer Samhain-Nacht erhalten. Und in dieser Form bewahre ich das Rezept und gebe es weiter.

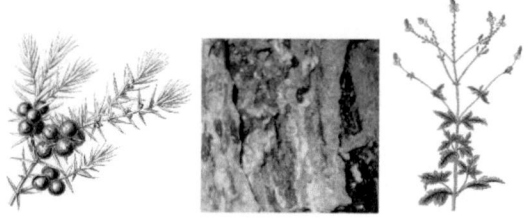

Ich sah dereinst, es waren zwei,
Innig verbunden und niemals allein.
Doch war der einen Zeit vorbei,
Und wandelte sich zu Staub und Gebein.

Zum stets grünen Herr er gewandert und fleht,
Der Perlen hat in Gestalt der Nacht,
Der einen Mantel aus grünen Dolchen trägt,
Hat ihm aus Mitleid ein Geschenk vermacht.

Dreizehn seiner Perlen gab er frei,
Und riet dem trauenden Herze sodann:
"Ein Kraut der Wünsche schaff mir herbei",
Worauf er mit seiner Suche begann.

Ein Vetter des Grünen sah sein Leid,
Und weinte gar bittere Tränen,
Er rief ihn unter sein Nadelkleid,
Aus dünnen und langen Gränen.

"Ich seh' wie schwer dein Herze wiegt,
Und spür' wie stark dein Flehen,

Nimm dreizehn Tropfen von meinem Blut,
Um das Verlorene noch einmal zu sehen".

Dankbar hat er es angenommen,
Gesammelt von des Baumes Haut,
Und hat den großen Hügel erklommen,
Fand das mit Sagen umwobene Kraut.

"Du hast mich gefunden, gern helf' ich dir
Zu finden dein innigstes Glück.
Doch ein Wort der Warnung erlaube mir,
Sonst kehrst du nie wieder zurück!"

"Du gutes Kraut sag mir geschwind,
Ich will allein nicht leben,
Wo die Sehnsüchte zu finden sind!"
"Den Flammen musst du uns übergeben."

Das Wort der Warnung nicht geachtet,
Hat er flugs einen Ballen Heu entflammt,
Mit den Gedanken daran, wonach er trachtet,
Die Perlen, das Blut und das Kraut verbrannt.

Ein tanzender Rauch steigt hoch empor,
Ein würziger Duft betört seine Sinne,
Aus dem Grauen steigt eine Gestalt hervor,
Es scheint, er hört ihre Stimme.

Der trennende Schleier, er lichtete sich,
Wie lange schon er hat dort gesessen?
Die Augen starr, der Leib regte sich nicht.
Verlor den Verstand im Reich des Vergessens.

Altar

Der Altar im Oktober wird aus dem September mit den Gaben des Mabonfestes fortgeführt. Er ist nun der Platz für die Vorbereitung auf Samhain und wird mehr und mehr um Symbole zu den Themen Tod und Ahnen ergänzt. Regelmäßig werden Kerzen entzündet und es können Erb- oder Erinnerungsstücke und Fotos von geliebten Menschen aufgestellt werden, die bereits von uns gegangen sind. Die mystische Zeit die ab dem Oktober beginnt ist auch ideal, um kraftvolle Rituale abzuhalten. Jetzt ist auch die ideale Zeit um Copal zu verräuchern. Dieses Harz steht seit jeher mit den Toten in Verbindung. In Mexiko wird es zum Fest der Toten in großen Mengen auf lokalen Märkten zum Verkauf angeboten.

In der Natur lassen sich weiterhin Pilze finden und auch Baumpilze sind nun zu entdecken. Mein liebster Baumpilz ist der Birkenporling, der in der Naturheilkunde immer mehr an Bedeutung als Heilpilz gewinnt und auch Gegenstand der medizinischen Forschung ist.

Ich empfehle dir sehr, dich näher mit diesem keinen Naturwunder zu befassen. Zu finden ist er ausschließlich an sterbenden Birken, was ihn leicht identifizierbar macht. Schon

Ötzi trug ein Amulett aus einem getrockneten Birkenporling bei sich, welches mit ihm zusammen im Eis gefunden wurde. Man nimmt an, dass er als Talisman gegen Krankheiten eingesetzt wurde. Der getrocknete Pilz an der Schnur könnte auch für die Zubereitung von Tees regelmäßig zum Einsatz gekommen sein. Birkenporling wird zudem sehr hart, wenn er trocknet. Dies macht ihn auch als Baumaterial interessant. Aus dem frischen Pilz können Figuren geschnitten werden, die dann getrocknet als Amulett oder Talisman getragen werden können.

Weitere Funde in der Natur sind die Beeren von Efeu und Ilex, welche nun reif sind. Ilex schützt vor bösen Geistern und sollte daher bei den Vorbereitungen zu Samhain nicht fehlen. Auch die Weintrauben haben im Oktober ihre maximale Reife erreicht. Doch nicht nur die Weinbeeren lassen sich ernten und verwenden, ebenso die Weinblätter. Gekocht werden aus ihnen gewickelte Speisen gemacht. Ähnlich wie die Blätter der Johannisbeere kann man sie auch fermentieren und trocknen um daraus Tee zu bereiten.

Bauernregeln

- ❖ Im Oktober der Nebel viel, bringt im Winter der Flocken Spiel.
- ❖ Oktoberschnee tut Mensch' und Tieren weh.
- ❖ Ist der Oktober warm und fein, kommt ein scharfer Winter drein. Ist er aber nass und kühl, mild der Winter werden will.
- ❖ Oktober rau, Januar flau.
- ❖ Bringt der Oktober viel Regen, ist's für die Felder ein Segen.
- ❖ Im Oktober Sturm und Wind, uns den frühen Winter künd't.
- ❖ Warmer Oktober bringt fürwahr, stets einen kalten Februar.
- ❖ Wenn's im Oktober friert und schneit, bringt der Jänner milde Zeit.
- ❖ Schneit's im Oktober gleich, wird der Winter weich.
- ❖ Hilft der Oktober nicht mit Sonne, hat der Winzer keine Wonne.
- ❖ Viel Nebel im Oktober, viel Schnee im Winter.

Eigene Notizen

November

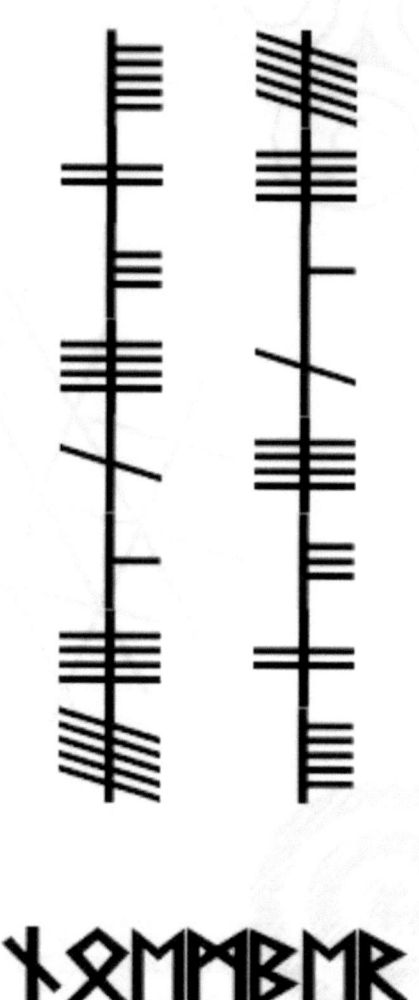

November

Der November ist nach der alten Zeitrechnung der neunte Monat und hat daher wieder seinen Namen. Neun heißt im Lateinischen nämlich Novem. Ein alter deutscher Name ist Nebelung, was im Groben das vorherrschende Wetter im November beschreibt. Ich mag den November von allen Monaten am wenigsten. Das Gold des Oktobers vergeht, es wird kälter, nass und grau. Mit dem November kommt die Zeit, in der ich mich mehr und mehr ins Haus zurück ziehe für Rituale und Magie und die handwerklichen Tätigkeiten pausiere. Sicher geprägt durch das Wetter, schwindet mit dem Licht auch die Schaffenskraft. Das Sterben und Scheiden in der Natur sind nun deutlich spürbar. Und der Tod bleibt auch das Thema für den November. Samhain liegt gerade hinter uns und die Schleier werden langsam wieder dicker. So erscheint der alte Name Nebelung noch einmal passender. Je dichter der Nebel wird, desto dichter wird auch der Schleier. Die Übergangsphase eignet sich aber noch immer, um mit Verstorbenen zu arbeiten. Dazu gebe ich dir nun eine Anleitung für eine Ouija-Sitzung und die Herstellung eines Ahnentopfes an die Hand.

Eine Scéance mit dem Ouijabrett abhalten

In der Scéance werden gezielt Verstorbene oder Wesen gerufen, um mit ihnen zu kommunizieren. Das ist etwas für Fortgeschrittene. In selteneren Fällen werden auch Pakte geschlossen. Da man sich für den Empfang öffnet ist man ohne entsprechende Vorbereitung leichtes Opfer für Besetzungen, denn dem Ruf können auch andere folgen und sich als andere Personen ausgeben.

Vorbereitung und Arbeitsmittel

Eignen tun sich verschiedene Mittel der Kommunikation. Kristallkugeln, Pendel, und weitere. Hier möchte ich mich aber auf Ouija-Bretter und ähnliche Techniken fokussieren. Es wird also ein Ouijabrett benötigt oder ein vergleichbares Objekt für Tischchen- oder Gläserrücken. Wie ein Ouijabrett aussieht oder eine Unterlage zum Gläserrücken, sollte dir an diesem Punkt bereits klar sein. In Vorbereitung auf eine Sitzung muss feststehen, wer diese leiten wird. Der Leiter muss die Arbeitsmittel weihen, damit er im Notfall die Kontrolle ergreifen kann. Eine mögliche Form der Weihe ist das Abreiben aller Gegenstände mit Wasser. Das Wasser muss dazu vorbereitet werden. In dem Wasser wird Salz aufgelöst und Salbeiblätter werden darin eingelegt. Wenn alles ein paar Stunden ziehen konnte, werden die Gegenstände (der Tisch, das Brett, die Planchette/das Glas, alles was sonst noch verwendet wird während der Sitzung) mit dem Wasser abgerieben und mit einem Weihspruch besprochen. Der Weihspruch sollte die Reinigung von allen Energien zum Inhalt haben sowie die Auflage, wem die Gegenstände zu gehorchen haben. Ergänzend kann es nicht von Schaden sein, zusätzlich Weihrauch zu verräuchern.

Wichtig ist auch ein Verbindungstück zum Rufen zu haben. Dieses Stück wird nicht geweiht und gereinigt! Von Verstorbenen können es Gegenstände aus dessen ehemaligem Besitz sein. Für Wesen wird die entsprechende Glyphe oder das korrespondierende Siegel benutzt. Mit etwas Recherche findet man in der Literatur die passenden Siegel und Glyphen zu den gängigsten Dämonen und anderen Wesen. Ist keine Gefahr von dem Wesen zu erwarten, dass ihr rufen wollt, könnt ihr es auch ohne rufen. Wer häufig Kontakt mit einem Wesen hat, kann die Glyphe oder das Siegel erfragen mit dem man sie leichter rufen kann.

Weiterhin muss von vorn herein feststehen, was gefragt wird, wer gerufen wird und warum. Sie Sitzung findet allein in dem vorher abgesteckten Rahmen statt. Alle Teilnehmer sollten sich darüber im Klaren und einig sein. Keine spontanen Abenteuer für Ungeübte! Plant einen festen Ablauf der am Ende der Sitzung das Entlassen der Gerufenen, Schließen des Raumes und danach die Auflösung des Schutzgebildes beinhaltet. Es ist von Vorteil, eine Checkliste zu führen und abzuarbeiten. Ich werde in diesem Kapitel am Ende eine vorstellen.

Unterstützend können Kerzen und Räucherungen, die die Kommunikation und Divination erleichtern, eingesetzt werden. Für den Notfall sollte immer eine exorzistische Räucherung (z.B. Teufelsdreck) und geweihtes Wasser parat stehen.

<u>Der Ablauf</u>

Plant zunächst die eigentliche Sitzung. Wo und wann findet sie statt, wer nimmt teil, wer wird gerufen, was wird gefragt, welches Kommunikationsmittel wird benutzt, wer schreibt mit, wer führt die Sitzung. Sind Plan und Checkliste abgearbeitet, erfolgt der Aufbau der Sitzung.

Am besten eignet sich ein Raum, dessen Eingänge durch Tür, Fenster und/oder Vorhänge verschlossen werden kann. In der Mitte sollte ein Tisch stehen, um den herum alle Teilnehmer sitzen können. In die Mitte des Tisches kommt das Ouijabrett. Am Rand in greifbarer Nähe werden Räucherung, Weihwasser und weitere Hilfsmittel bereitgelegt. Der Schreiber legt Papier und Stift auf seinen Platz. Besser noch eignet sich aber ein laufendes Diktiergerät, so hat der Schreiber die Hände frei. Alle müssen sich nun im Raum befinden, alle Zugänge werden geschlossen, der Schutzbann wird durch den Führenden gezogen. Die Schutzformeln sprechen ihm alle Teilnehmer nach. Als Beispiel gebe ich den Elementarkreis als Schutzbann an:

Benötigt werden hierfür:

- eine Kerze und Feuerzeug/Streichhölzer

-   ein Kelch mit Wasser
-   Räucherwerk
-   eine Schale mit Salz
-   ein Kompass

Der Leiter beginnt mit dem Salz im Norden. Mit der Hand, mit der er schreibt, zeichnet er jede Kante und Ecke des Raumes ab (als wollte er einen dreidimensionalen Körper zeichnen) und fährt so im Uhrzeigersinn fort, bis er wieder im Norden ankommt. In der anderen Hand hält er dabei das Salz. Während er den Raum abschreitet spricht er folgende Worte:

"Reinigendes Salz der Erde, verschließe diesen Raum für jede Kraft und jedes Wesen, das von mir nicht hereingebeten wurde!"

Alle anderen sprechen ihm nach. Das Salz wird dann im Norden abgestellt. Dann wird auf die gleiche Weise im Osten mit dem entzündeten Räucherwerk fortgefahren:

"Wohlriechende Luft der Winde und Stürme, verschließe diesen Raum für jede Kraft und jedes Wesen, das von mir nicht hereingebeten wurde!"

Das Räucherwerk wird dann im Osten abgestellt.
Dann folgt die entzündete Kerze im Süden:

"Loderndes Feuer, birgst Leben und Tod, verschließe diesen Raum für jede Kraft und jedes Wesen, das von mir nicht hereingebeten wurde!"

Die Kerze wird im Süden abgestellt.
Zuletzt folgt der Kelch mit Wasser im Westen:

"Reines Wasser der Flüsse und Meere, verschließe diesen Raum für jede Kraft und jedes Wesen, das von mir nicht hereingebeten wurde!"

Das Wasser wird im Westen abgestellt. Abschießend rufen alle gemeinsam:

"Die Elemente schützen diesen Raum!"

Es können auch andere Schutzreise genutzt werden. Wichtig ist jedoch in die Formulierung und die Intention einzubauen, dass nichts und niemand diesen Kreis oder Raum betreten kann, der nicht direkt eingeladen wurde. Wichtig ist auch, nicht nur einen simplen Kreis zu ziehen. Der Kreis ist eine flache geometrische Form - er ist nach oben und unten offen. Der Schutzkreis muss ein dreidimensionaler Körper sein. Also ein Zylinder, eine Kugel oder ein Quader/Würfel, wodurch an allen Seiten eine Grenze besteht. Beachtet den Schutzbann auch materiell und lasst niemanden ungebeten ein- oder hinaustreten.

Der Leiter wird dann mit der Sitzung beginnen; jeder nimmt Platz. Alle verständigen sich darauf, sich strikt an die Anweisungen des Leiters zu halten. Nochmals: niemand betritt oder verlässt den Raum ohne Anweisung des Leiters.

Dann wird in der Mitte neben dem Brett das Objekt des zu Rufenden Wesens oder der zu rufenden Kraft platziert. Alle laden durch lautes Ausrufen die Person oder das Wesen ein. Der Name muss dringend genannt werden. Zur Verstärkung können sich alle an den Händen nehmen. Eine Einladung kann zum Beispiel so aussehen:

„Wir laden XYZ ein, in unserer Mitte Gast zu sein! Tritt ein, wenn du ohne Absicht bist, uns Schaden zuzufügen."

Eine dreimalige Wiederholung sollte genügen.
Dann legen alle Beteiligten die Fingerspitzen auf den Anzeiger, die Planchette, das Tischchen oder das Glas. Es wird einmal im Uhrzeigersinn gedreht für jeden Teilnehmer. Bei vier Personen zum Beispiel also viermal. Das dient zum Lockermachen. Alle nehmen eine entspannte Haltung ein und lassen die Finger auf dem Anzeiger. Alle Erwartungen werden möglichst eliminiert.

Der Führer begrüßt den Gast und beginnt die Fragen zu stellen und die sich ergebenden Antwortendes Brettes laut vorzulesen. Ist kein Diktiergerät verfügbar, notiert der Schreiber alles.

Der Anzeiger, also das Glas oder Planchette, wird sich nach zwei Prinzipien bewegen: ein schwächeres oder niederes Wesen hat die nicht die Kraft, ihn selbst in Bewegung zu setzen. Durch die außersinnliche Wahrnehmung der Teilnehmer werden diese unbewusst den Anzeiger gemeinsam bewegen um die Antworten zu erhalten (Carpenter-Effekt). Höhere Wesen können direkt den Anzeiger beeinflussen.

Ist man mit der Fragestellung durch, wird der Gast vom Führer verabschiedet, dann laut von allen aufgefordert, den Kreis und den Raum zu verlassen verbunden mit einem Dank. Dazu wird der Anzeiger auf die Verabschiedung auf dem Brett bewusst geschoben.

Soll kein weiterer Gast gerufen werden, wird die Sitzung beendet. Genauso wird verfahren, wenn ein Teilnehmer abbrechen möchte. Der Gerufene muss zu allererst entlassen und von dem Ort fortgeschickt werden. Der Führer löst dann den Schutzkreis auf, dabei dankt er den zu Hilfe gerufenen Kräften (in unserem Beispiel den Elementen) und der Raum kann wieder geöffnet werden. Dann werden alle Arbeitsmittel weggeräumt und die Teilnehmer können den Ort verlassen.

Trouble-Shooting

Es kommt nur wirres Zahlen- und Buchstabenzeugs.

Wenn es sich dabei um keine Fremdsprache oder einen Code handelt, sollte der Gast verabschiedet und fortgeschickt werden. Die gewünschte Person kann erneut gerufen werden.

Jemand bekommt Panik

Auf keinen Fall die Sitzung zerstören. Beruhigend auf die Person einwirken und die Sitzung ordnungsgemäß zu Ende führen

Ein unerwünschter Gast oder gar eine Besetzung

Der Führer muss schnell handeln und exorzistisch arbeiten, den ungebetenen Gast verbannen. Bestimmtheit und Entschlossenheit im Auftreten sind sehr wichtig. Die übrigen Teilnehmer helfen, indem sie den Ungebetenen verbal und laut rufend von dem Ort verbannen.

<u>Checkliste</u>

Grund der Sitzung: _____

Wer soll gerufen werden: _____

Welche Fragen werden gestellt: _____

_____

_____

_____

_____

_____

_____

Wer nimmt teil:_____

_____

Wann und wo: _____

_____

Wer übernimmt die Leitung: _____

Wer wird mitschreiben: _____

Er/Sie hat die Gegenstände geweiht? JA / NEIN

Es gibt Kontakt-Objekte: JA / NEIN

Weihwasser/exorzistische Räucherung vorhanden? JA / NEIN

Materialen für den Schutzbann vorhanden? JA / NEIN

Regeln mit den Teilnehmern besprochen? JA / NEIN

Ablauf:

- o Alle im Raum versammeln
- o Tisch und Hilfsmittel vorbereiten
- o Raum verschließen
- o Schutzbann spannen
- o Wesen rufen
- o notierte Fragen stellen
- o Antworten festhalten
- o Wesen verabschieden, Danken
- o Schutzbann auflösen
- o Raum öffnen
- o Aufräumen
- o ggf. Nachbesprechung

Anfertigung eines Ahnentopfes

Der Ahnentopf ist eine großartige Möglichkeit, sich mit seinen Vorfahren zu verbinden, sie um Hilfe zu bitten und an ihrem Wissen teilzuhaben. Es gibt wie so oft im modernen Heidentum unzählige verschiedene Möglichkeiten, einen Ahnentopf anzufertigen. Dies ist meine Variante, die du befolgen oder als Inspiration nutzen kannst.

Du benötigst:

- Keramik-, Ton oder anderes Steinzeuggefäß mit Deckel
- Erde (Waldboden oder bestenfalls Friedhofserde) um das Gefäß zu einem Drittel füllen zu können
- Räucherkohle, Copal, Beifuß, Steppenrautensamen
- alte Fotos, die du bereit bist zu opfern
- kleine Erinnerungs- und Erbstücke
- soweit möglich einen Stammbaum auf Papier

Das Gefäß sollte groß genug sein, um die oben genannten Gegenstände beinhalten zu können. Das Gefäß kann die Farbe deiner Wahl haben, ich persönlich bevorzuge hier aber schwarz. Für die Anfertigung nimmst du dir einen Tag, an dem du Ruhe und Zeit hast und ungestört sein kannst. Überlege dir, mit welchen Ahnen du in Kontakt stehen möchtest.

Zunächst besorgst du dir alle Gegenstände und Zutaten und stellst sie auf deinem Altar auf. Sollte deine Familie über ein Wappen oder Siegel verfügen, zeichne dieses auf das Gefäß. Wenn du in Ritualen wenig geübt bist und auf Nummer sicher gehen möchtest, kannst du einen Schutzkreis ziehen, ähnlich dem einer Ouija-Sitzung. Nimm dir ein Räuchergefäß und entzünde die Räucherkohle. In einem kleinen Mörser mischt du nun Copal, Beifuß und die Steppenrautensamen zu etwa gleichen Teilen und stößt alles zu einem Pulver. Inzwischen sollte auch die Kohle durchgeglüht sein und bereit zum Räuchern. Lege nach und nach die gemörserte Räuchermischung auf und lade deine Ahnen an, mit dem Gefäß

121

vor dir in Kontakt zu treten und dir zu helfen. Eine spezielle Anrufung schreibe ich nicht vor. Du kennst deine Verwandten am besten und kannst das Gespräch ganz intuitiv suchen.

Nimm die Erde in deine Hände, ziehe sie durch den Rauch und gebe sie in den Ahnentopf. Genauso verfährst du nacheinander mit den Fotos, dem Stammbaum, welchen du auch falten kannst und den Erinnerungs- und Erbstücken. Nimm dir Zeit und lass die Zeremonie so andächtig wie möglich ablaufen. Wenn die Kohle komplett verglüht und die Asche abgekühlt ist, gibst du sie ebenfalls in den Ahnentopf. Lege den Deckel nun auf den Topf und er ist vollendet.

Den Ahnentopf bewahrst du an einem besonderen Ort auf, der dir wichtig ist. Ich habe dafür einen kleinen Schrein im Hexengarten gebaut. Du kannst auch eine Ecke in deiner Wohnung dem Ahnentopf widmen und mit weiteren Fotos und Kerzen dekorieren. Doch wie verwendet man nun den Ahnentopf?

Der Topf kommt immer dann zum Einsatz, wenn du mit deinen Ahnen kommunizieren möchtest. Setz dich vor den Topf, entzünde eine Räucherung deiner Wahl sowie eine Kerze, öffne den Topf und sprich mit deinen Ahnen. Die Kommunikation läuft hier meistens in einem inneren Dialog. Aber auch direkte Zeichen wie deutliche Veränderungen der Kerzenflamme oder sich bewegende Objekte sind möglich. Du kannst auch Probleme oder Fragen, die du nicht lösen bzw. beantworten kannst, den Ahnen übergeben. Schreibe sie dazu auf ein Blatt und gebe es in den Topf. Die Ahnen werden sich mit dem Problem befassen und eine Lösung mit der jenseitigen Welt in die Wege leiten. Es werden Veränderungen in deinem Leben eintreten, die die Lösung deiner Ahnen darstellt. Lass mich dich warnen, dass die Ahnen mitunter einen gewissen Humor haben und die von dir erhoffte Lösung nicht immer den direkten Weg nimmt, den du erwartet hast. In der Regel sollst auch du etwas lernen und deinen Beitrag leisten. Lass dich überraschen!

Es gibt auch Varianten, in denen im Ahnentopf auch Getränke und Nahrungsmittel in kleinsten Mengen geopfert werden. In dem Ahnentopf herrscht dann eine biologisch aktive Atmosphäre. Die Opfergaben zersetzen sich und damit auch Papier, dass du in den Ahnentopf gibst. Bei diesen Varianten muss der Ahnentopf recht warm stehen und die Erde muss regemäßig feucht gehalten werden. Eine Interpretation dahinter ist, dass durch die Zersetzung des Papiers und der darauf verfassten Anliegen, dein Ansinnen feinstofflich wird und so in das Jenseits übertragen werden kann. Die Ahnen zersetzen dein Ansinnen buchstäblich und fügen es neu zu einer

Lösung zusammen, die sich dann als Veränderung in deinem Leben zeigt.

Die Verwendung des Ahnentopfs sollte immer intuitiv und respektvoll erfolgen. Die Ahnen haben auch ihre Ruhe verdient und sollten daher nicht andauernd befragt werden. Schlimmstenfalls akzeptieren sie den Ahnentopf nicht mehr oder erteilen dir eine Lektion.

Altar

Das Thema des Altars setzt sich aus dem Oktober und Samhain im November fort. Die Dekoration kann düster und fahl werden, wie das Erscheinungsbild des Novembers. Die Themen der Rituale, die jetzt am besten bearbeitet werden können, sind Tod, Trennung und Beendigung aber auch Reue und Wiedergutmachung.

Zum Räuchern eigenen sich schwere und balsamische Düfte. Copal ist auch hier das Harz der Wahl. Auch Baldrianwurzel, Kalmuswurzel oder Opium eigenen sich gut. Weihrauch ist ebenfalls stimmig. Es sollten jedoch keine süßen und frischen Düfte wie von Myrrhe oder Dammar benutzt werden. Je nach Ritual können sie aber natürlich notwendig sein.

In der Natur sind weiterhin Pilze und Baumpilze zu finden. Auch Burgunderharz, als das Harz der heimischen Nadelbäume, ist in Teilen nun soweit an der Rinde gehärtet, dass es geerntet werden kann. Hierbei ist jedoch immer darauf zu achten, dass das Harz ein Wundverschluss des Baumes ist. Es sollte daher möglichst nicht an der Austrittsstelle entfernt werden und wenn, nur sehr oberflächlich. Um sich auf den Winter vorzubereiten, ziehen Pflanzen ihre Kräfte in die Wurzeln zurück. Vor den ersten Bodenfrösten ist im November daher auch ein guter Zeitpunkt, Beifuß-, Baldrian- oder Löwenzahnwurzeln zu ernten. Eine farbenfrohe und intensiv duftende Abwechslung bieten im November Quitten und japanische Strauchquitten sowie Sanddorn und die Hagebutten der Hundsrose. Die Hundsrose hat übrigens mit die aromatischsten Hagebutten. Kartoffelrosen hingegen würde ich meiden.

Bauernregeln

- ❖ Hält der Baum die Blätter lang', macht ein später Winter bang'.
- ❖ Wenn der November blitzt und kracht, im nächsten Jahr der Bauer lacht.
- ❖ Wer nicht im November die Äcker gestürzt, der wird im nächsten Jahr verkürzt.
- ❖ November hell und klar, ist übel fürs nächste Jahr.
- ❖ Baumblüt' im November gar, noch nie ein gutes Zeichen war.
- ❖ November warm und klar, keine Sorge fürs nächste Jahr.
- ❖ Hängt das Laub bis November hinein, wird der Winter lange sein.
- ❖ Trägt der Berg einen Hut so wird das Wetter gut, trägt er keinen, wird es bald weinen.
- ❖ Bringt der November Morgenrot, der Aussaat dann viel Schaden droht.
- ❖ Viel Nebel im November, viel Schnee im Winter.
- ❖ Gefriert im November schon das Wasser, wird der Januar umso nasser.
- ❖ Donnert's im November gar, so folgt ein gesegnetes Jahr.
- ❖ Blüh'n im November die Bäume auf's Neu', dann währet der Winter bis zum Mai.

Eigene Notizen

Dezember

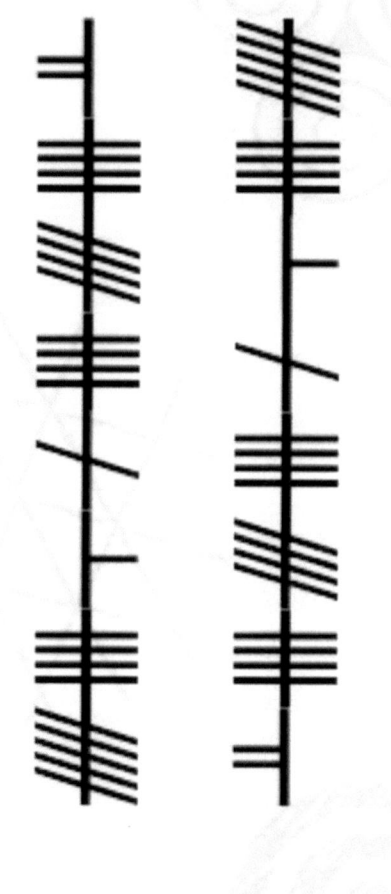

Dezember

Unsere Reise durch mein magisches Jahr nähert sich dem Ende. Aber der Dezember hat es noch einmal in sich mit einem Jahreskreisfest und den anschließenden Rauhnächten die bis in das neue Jahr reichen.

Wie seine direkten Vorgänger hat auch der Dezember seinen Namen von einer Zahl, der Zehn. Er war in der alten Zeitrechnung der zehnte Monat und geht auf das lateinische "decem" zurück. Einer seiner alten deutschen Namen ist Wendeling und hängt vermutlich mit der Jahreswende zusammen. Mit dem Dezember gehen wir nun unweigerlich in den Winter über und die ersten Schnellfälle verzuckern das Land. Die Temperaturen sinken weiter und es ist kaum etwas schöner als die klare Luft nach einer frostigen Nacht voller Schneefall.

Der Dezember ist heute stark geprägt von der Adventszeit und den Vorbereitungen für Weihnachten. Wie ich bist sicher auch du mit den ganzen Weihnachtsbräuchen aufgewachsen und auch wenn Weihnachten ein christliches Fest ist, ist es nicht schlecht sich weiter an diesen Bräuchen zu beteiligen. Denn wie so oft hat eine starke Durchmischung mit dem heidnischen Fest Jul und seinen Bräuchen stattgefunden. Tatsächlich sind die meisten weihnachtlichen Bräuche sogar heidnischen Ursprungs und der Zeitpunkt für Weihnachten und die Geburt Jesus Christus wurde von zwei Päpsten, einem Gegenpapst und später dem offiziellen Papst im zweiten und dritten Jahrhundert nach Christus auf den nahezu mit Jul zusammenfallenden Termin festgelegt. Die Bibel ist widersprüchlich an diversen Stellen was die Geburt von Jesus betrifft. Viele Begleitumstände lassen sogar darauf schließen, dass die Geburt im Frühjahr lag. Doch kommen wir zurück zu den Bräuchen. Dazu zählt das Räuchern. Lange vor den Tannendufträucherkegeln aus dem Erzgebirge wurde bereits mit Beifuß geräuchert. Haus und Stall und wurden auch mit kleinen Bündeln aus getrocknetem Beifuß geschmückt, um böse Geister in der dunklen Jahreszeit fernzuhalten. Weiter wurden Kerzen aufgestellt, im Haus als auch in den Fenstern, was wir heute mit Lichterbögen und Lichterketten umsetzen. Der Tannenbaum oder vielmehr das Schmücken mit immergrünen Zweigen wie Lorbeer, Stechpalme oder eben von Nadelbäumen hat in vielen Kulturen zur dunklen Jahreszeit eine lange Tradition. Das Christentum nutzte später die Tanne als Sinnbild für den Baum aus dem Paradies, der an die Vertreibung aus eben diesen erinnern sollte. Eigentlich war es je nach Interpretation und Übersetzung ein Apfel- oder Feigenbaum. Aber dieser war eben in unseren Breiten im Dezember nicht mehr grün. Auch der Brauch des Schenkens ist heidnischen Ursprungs und so gab es vor dem Christkind viele andere Wesen oder Tiere, die Gaben gebracht haben. Im skandinavischen Raum ist vor allem der Julbock bekannt. Und damit widmen wir uns nun dem letzten Jahreskreisfest im gregorianischen Kalender.

Jul ⚏⚏⚏⚏

Jul ist das Fest der Wintersonnenwende. Die längste Nacht des Jahres vergeht und die Tage werden wieder länger. Das Julfest wird um die Wintersonnenwende herum gefeiert, welche astronomisch meistens auf den 21. Dezember fällt. Je nach Tradition wird es auch schlicht Mittwinter genannt.

Das Licht und seine Wiederkehr spielen zu Jul eine zentrale Rolle. Es werden Kerzen aufgestellt, große Freudenfeuer entzündet und Fackelumzüge abgehalten. Auch Strohpuppen, die aus dem letzten geernteten Korn gebunden werden, wurden entzündet oder an das Vieh verfüttert. Erhalten hat sich vor allem der Brauch, einen Julstamm oder Holzblock zu entzünden. Ihn vollständig abbrennen zu lassen soll das Haus und seine Bewohner in den folgenden Rauhnächten beschützen. Da wie zuvor erwähnt die Weihnachtszeit voller heidnischer Traditionen ist, begehe ich Jul nicht als großes Fest. Am Tag der Sonnenwende entzünde ich viele Kerzen und den Julstamm für die bevorstehenden Rauhnächte und rufe so das Licht herbei. Ich schmücke den Altar und das Haus mit Stechpalme und Tannengrün. Darauffolgend feiere ich dann Weihnachten ganz typisch deutsch mit meiner Familie. Ich wünschte, ich könnte dir mehr zu Jul erzählen, aber tatsächlich ist dies eines der

Feste, welches bei mir wenig Aufmerksamkeit bekommt. Wichtiger hingegen ist mir die Zeit, die nach Jul folgt – die Rauhnächte.

Rauhnächte

Die Rauhnächte sind sehr mystische und sagenumwobene Zeit. Die Schleier zu anderen Welten und dem Reich der Toten lichten sich noch einmal. Aber ganz anders, als zu Samhain oder Beltane. Diese Nächte sind bedeutungsschwacher und nicht ungefährlich. Ihr Ursprung liegt in den fehlenden Tagen, die sich aus dem Unterschied zwischen dem Mond- und Sonnenkalender ergeben – ähnlich den Tagen der Unterwelt in der alten Kultur der Maya. Nach dem Mondkalender hat das Jahr mit 12 Monden nur 354 Tage (355 Tage alle 3 Jahre), wobei 6 Monde zu 29 und weitere 6 Monde zu 30 Tagen über das Jahr verteilt sind. Doch nur das Sonnenjahr mit 365 Tagen (366 Tage alle 4 Jahre) beschreibt den tatsächlichen Verlauf der Erde und des Jahres auf ihrer Umlaufbahn. An den Mondkalender wurden daher die fehlenden 11 Tage angehängt, aus deren Beginn und Ende sich die zwölf Rauhnächte formen. Diese zusätzlichen Tage außerhalb des Mondkalenders galten als Tage außerhalb der Zeit und damit als Tage einer anderen Welt. Hieraus ergibt sich der Kontakt zu allerlei Wesen und den Toten – eine besondere Form der sich lichtenden Schleier.

Obwohl der Ursprung der Rauhnächte im Mondkalender liegt, werden die Rauhnächte auch von jenen, die die Jahreskreisfeste nach dem Mond berechnen und feiern, meist an festen Tagen gesehen. Entweder beginnen mit der Nacht nach Jul oder der Nacht ab dem 25. Dezember. Dies ist für mich jedoch eine Zeit, die ihren Ursprung in den astronomischen Gegebenheiten hat, aus dem Zusammenspiel von Sonne und Mond und ihren eigenen Rhythmen. Daher liegen für mich die Rauhnächte nicht an festen Tagen, sondern tatsächlich an den fehlenden Tagen nach dem Mondkalender. Ein Mond-Monat oder kurz Mond wird dabei von Neumond zu Neumond gerechnet. Anhand des Jahres 2022 zeige ich dir meine Rechnung auf:

Der erste Neumond nach Jul ist am 02.01.2022. Damit beginnt das Mondjahr.

1. Mond	02.01.2022	- 31.01.2022	30 Tage
2. Mond	01.02.2022	- 01.03.2022	29 Tage
3. Mond	02.03.2022	- 31.03.2022	30 Tage
4. Mond	01.04.2022	- 29.04.2022	29 Tage
5. Mond	30.04.2022	- 29.05.2022	30 Tage
6. Mond	30.05.2022	- 28.06.2022	30 Tage
7. Mond	29.06.2022	- 27.07.2022	29 Tage
8. Mond	28.07.2022	- 26.08.2022	30 Tage
9. Mond	27.08.2022	- 24.09.2022	29 Tage
10. Mond	25.09.2022	- 24.10.2022	30 Tage
11. Mond	25.10.2022	- 23.11.2022	30 Tage
12. Mond	24.11.2022	- 22.12.2022	29 Tage
Mondjahr	02.01.2022	- 22.12.2022	355 Tage

2022 ist damit eines der alle drei Jahre auftretenden Sonderfälle, in denen ein Mondjahr 355 Tage hat. In diesem Jahr beginnen die Rauhnächte damit also in der Nacht des 22.12.2022 und fallen damit günstig direkt auf die Nacht, die auf Jul folgt.

Dennoch ist es schwer, darin eine Logik für sich zu erkennen. Denn für die Berechnung der Rauhnächte 2023 beginnt das Mondjahr am 23.12.2022, direkt mit dem Ende des vorherigen Mondjahres, welches aber eigentlich in den Rauchnächten liegt um das Sonnenjahr zu vervollständigen. Dies ist dem geschuldet, dass Sonnen- und Mondkalender völlig verschiedene Systeme sind, die mehr oder weniger willkürlich miteinander kombiniert werden müssen, um die Rauhnächte zu errechnen. Aber gerade damit werden sie ihrem Ruf als Tage außerhalb der Zeit, als tote Tage, als Tage an denen die Naturgesetze nicht mehr greifen, als seltsame Tage, mehr als gerecht. Damit ist es aber ebenso nicht verwunderlich, dass viele die festen Zeiten bevorzugen.

134

Die Rauhnächte werden in die steigenden und die fallenden Rauhnächte unterteilt. Die steigenden sind dabei die ersten sechs, die fallenden die letzten sechs Nächte. Gerade die fallenden Nächte gelten als gefährlich. Denn nach der sechsten Nacht macht sich die Wilde Jagd auf den Weg. Es gibt so einige Neuheiden und Esoteriker, die meinen glückselig in den Rauhnächten die Wilde Jagd gegrüßt oder beobachtet zu haben. Hier kannst du dir sicher sein, dass das nicht stimmt. Denn die Wilde Jagd zu hören oder gar zu erblicken ist ein Grund, sich zu verstecken und flach auf den Boden zu legen. Wer sie erblickt und von ihr bemerkt wird, ist des Todes und schlimmstenfalls wird seine Seele mitgezogen. Offene Kreuzungen auf der Straße oder in Wäldern sollen besonders riskant sein. Mit der letzten Rauhnacht legt sich auch die Wilde Jagd wieder zur Ruhe.

Als Tage außerhalb der Zeit und zwischen den Welten sind die Rauhnächte schon immer für den Kontakt zu anderen Wesen und Toten genutzt worden und ganz besonders für das Orakeln um außerhalb der Zeit einen flüchtigen Blick in die Vergangenheit oder Zukunft zu erhaschen. Es haben sich um das Wahrsagen zu den Rauhnächten viele Bräuche entwickelt, und einen kennst du aus Deutschland unter Garantie auch: das Bleigießen.

Hierzulande wird Bleigießen nur noch zu Silvester gepflegt, wurde ursprungs aber grundsätzlich zu den Rauhnächten betrieben. Es ist auch die Orakelmethode, die die meisten Leute falsch betreiben. Man schmilz das Blei in einem Löffel über einer Kerzenflamme, gießt es in kaltes Wasser und deutet die Form des erstarrten Metalls. Und das ist nicht ganz richtig. Tatsächlich wird die Form des Schattens gedeutet, den die erstarrte Form wirf. Man hält es also vor die Kerze, dreht es und interpretiert seinen Schatten. Es gib diverse Tabellen darüber, welche Form welche Bedeutung entspricht und nicht alle sind sich einig. Ich halte es da intuitiver und stelle die Frage, was die Person, die das Blei gegossen hat, mit der Form die sie erkennt, verbindet. Immerhin ist es eine Botschaft an diese Person. Und der Verfasser der jeweiligen Tabelle kann nicht wissen, was ein Mann oder ein Schuh für sie bedeutet.

Andere beliebte Orakeltechniken sind das Werfen von Knochen oder Runen sowie das Legen von Karten oder gar eine Ouijasitzung. Wie man die einzelnen Orakeltechniken umsetzt werde ich an dieser Stelle nicht beschreiben, weil es zu ausufernd ist und eher ein eigenständiges Buch verdient. Zudem gibt es bereits unzählige Werke, die du dir dazu durchlesen kannst.

Als generelle Orientierung hat sich jedoch durchgesetzt, dass jede Rauhnacht mit einem Monat des kommenden Jahres korrespondiert. Die erste Rauhnacht spiegelt den Januar wider und so weiter. So werden traditionell die Themen Wetter, Ernte, Geld, Liebe und Schicksal hinterfragt. Es versteht sich natürlich von selbst, in diesen besonderen Nächten auch seine Träume aufzuschreiben – so man sich noch an sie erinnern kann. Unter vielen Hexen ist es üblich, ein sogenanntes Rauhnachtstagebuch zu führen. Das lege ich dir ebenfalls ans Herz. Lege dir eines an und vergleiche das folgende Jahr mit deinen Einträgen. Wer weiß, vielleicht hast du eine mediale Ader und taugst als Rauhnachtsmedium?

Eine andere Tradition zum Jahreswechsel ist das sogenannte Ausbacken des alten Jahres, die in meiner Familie schon lange betrieben wird. Dabei werden traditionell Schmalzgebäck wie Brandteigkrapfen, Pfannkuchen oder Quarkbällchen gebacken. Ein simples Quarkbällchenrezept möchte ich nun mit dir teilen.

<u>Rezept Quarkbällchen</u>

Du benötigst:

- ❖ 250 g Mehl
- ❖ 250 g Quark (Viertelfettstufe)
- ❖ 110 g Zucker
- ❖ 15 g Vanillezucker
- ❖ zwei Eier

- ❖ 1/2 Päckchen Backpulver
- ❖ Fett zum Ausbacken (1 Teil Butterschmalz, 2 Teile Pflanzenöl)

Zunächst setzt du das Fett in einem Topf auf und erhitzt es bis auf etwa 170 °C. Während das Fett heiß wird, verrührst du den Zucker, die Eier und den Quark in einer Schüssel. Danach siebst du nach und nach das Mehl mit dem Backpulver ein und rührst alles gut unter. Während dessen kannst du sinnbildlich alles in den Teig geben, was du an dem hinter dir liegenden Jahr nicht gut fandest und womit du abschließen möchtest. Du solltest einen relativ zähen und klebrigen Teig erhalten.

Wenn das Fett die richtige Temperatur erreicht hat, stichst du mit zwei Teelöffeln kleine Teigbälle ab und gibst sie in das Fett. Das alte Jahr wird damit ausgebacken und aus dem ganzen Pech und Missgeschick wird ein süßes Gericht gezaubert. Die Quarkbällchen drehen sich im Fett meist von selbst. Hilf aber mit einer Schaumkelle nach, damit sie von allen Seiten goldgelb bis goldbraun sind. Je nachdem wie groß die Teigbällchen waren und wie heiß das Fett ist, dauert es unterschiedlich lange, bis die Bällchen fertig gebacken sind. Nimm dir ein Bällchen zur Probe und schneide es auf. Ist es bis zum Innern durchgebacken, ist der Schwung fertig. Du bekommst schnell ein Gefühl dafür, wann die Bällchen gar sind.

Die Bällchen lässt du auf Küchenpapier abtropfen und kannst sie noch warm in etwas Zucker wälzen. Bei uns werden die Bällchen traditionell an Silvester gegessen.

Altar

Im Dezember wird der Altar maßgeblich von dem Jahreskreisfest bestimmt. Zu Jul gehören viele Kerzen und schmückende Zweige von immergrünen Pflanzen wie Mistel, Lorbeer, Stechpalme, Eibe oder anderen Nadelgehölzen. Da mit den Rauhnächten eine mitunter turbulente Zeit bevorsteht, eigenen sich zudem alle weiteren Hilfsmittel um vor bösen Geistern zu schützen. Dazu gehören Steine wie Schörl und Bergkristall, Zweige von Salbei und Beifuß sowie andere Talismane und Glücksbringer die typisch für diese Zeit sind. Das können Kleeblätter, Schweinchen oder auch Hühnergötter sein.

Die Zeit ist nun optimal um Burgunderharz zu räuchern zusammen mit Dammar, Kampfer und beschützenden Kräutern wie Wacholder, Beifuß, Minze, Wermut oder Eberrauten. Wer hingegen den Kontakt zu anderen Wesen verstärken will, sollte auf Copal zurückgreifen. Für die Feierlichkeiten zu Jul und insbesondere den Julstamm eignet sich ein Außenaltar am besten.

In der Natur gibt es nun alles zu finden, um gut durch die Rauhnächte zu kommen. Es finden sich noch trockene Stängel des Beifußes, Stechpalme samt Beeren, Wachholder und andere Nadelhölzer sowie gutes Harz an Fichten und Kiefern. Im Dezember beginnen typischer Weise in unserer Region auch die stärkeren Stürme und etwas Bruch aus dem Wald kann dir einen Julstamm bescheren oder einige Mistelzweige.

Bauernregeln

- ❖ Herrscht im Dezember recht strenge Kält', sie volle achtzehn Wochen hält.
- ❖ Dezember lind, der Winter ein Kind.
- ❖ I Ist der Dezember wild mit Regen, dann hat das nächste Jahr wenig Segen.
- ❖ m Dezember Schnee und Frost, das verheißt viel Korn und Most.
- ❖ So kalt wie im Dezember, so heiß wird's im Juni.
- ❖ Kalter Dezember und fruchtbar Jahr sind vereinigt immerdar.
- ❖ Auf kalten Dezember mit tüchtigem Schnee folgt ein fruchtbares Jahr mit reichlich Klee.
- ❖ Donnert's im Dezember gar, kommt viel Wind im nächsten Jahr.
- ❖ Dezember, kalt mit Schnee tut dem Ungeziefer weh.
- ❖ Dezember, veränderlich und lind, ist der ganze Winter ein Kind.

Eigene Notizen